Sintya Motta & Leila Rabello

QUARENTENA sem PIJAMA
O poder das roupas sobre a autoimagem e a produtividade

CB056560

EDITORA
Labrador

Copyright © 2021 de Sintya Motta e Leila Rabello de Oliveira
Todos os direitos desta edição reservados à Editora Labrador.

Coordenação editorial
Pamela Oliveira

Projeto gráfico, diagramação e capa
Amanda Chagas

Assistência editorial
Larissa Robbi Ribeiro

Preparação de texto
Mauricio Katayama
Iara Mola
Karolina Loredo de Castro

Revisão
Marília Courbassier Paris

Imagem de capa
lolostock

Dados Internacionais de Catalogação na Publicação (CIP)
Angelica Ilacqua CRB-8/7057

Motta, Sintya
 Quarentena sem Pijama : o poder das roupas sobre a autoimagem e a produtividade / Sintya Motta, Leila Rabello de Oliveira. — São Paulo : Labrador, 2021.
 128 p. : color

Bibliografia
ISBN 978-65-5625-142-4

1. Vestuário – Usos e costumes 2. Autoimagem 3. Produtividade I. Título II. Oliveira, Leila Rabello de

21-1677   CDD 391

Índice para catálogo sistemático:
1. Vestuário : Usos e costumes

EDITORA Labrador

Editora Labrador
Diretor editorial: Daniel Pinsky
Rua Dr. José Elias, 520 – Alto da Lapa
05083-030 – São Paulo – SP
+55 (11) 3641-7446
contato@editoralabrador.com.br
www.editoralabrador.com.br
facebook.com/editoralabrador
instagram.com/editoralabrador

A reprodução de qualquer parte desta obra é ilegal e configura uma apropriação indevida dos direitos intelectuais e patrimoniais das autoras.

A editora não é responsável pelo conteúdo deste livro. As autoras conhecem os fatos narrados, pelos quais são responsáveis, assim como se responsabilizam pelos juízos emitidos.

Dedico este livro àquela que se tornou a minha máxima inspiração para escrevê-lo: a minha irmã Soraya, que, mesmo atravessando um período de grande dificuldade, continua sendo vibrante.

Referência dentro e fora destas páginas, você, Soraya, é a maior razão pela qual esta obra existe.

Sintya Motta

Agradecimentos

Muitas pessoas estiveram envolvidas na produção deste livro, participando dele direta e/ou indiretamente. Assim, eu gostaria de deixar registrado o meu sincero agradecimento:

à minha mãe, Laura de Paula Jorge, que me concedeu autonomia desde que eu era pequena, quando me deixou escolher o que eu queria vestir. Exemplo de mulher batalhadora, justa e forte, espero ter herdado ao menos uma parte dessas suas qualidades que tanto admiro;

à minha irmã, Soraya de Paula Jorge, novamente (e sempre!), por me ensinar que se importar com a própria aparência nunca foi apenas "vaidade", menos ainda "coisa de gente fútil": trata-se de cuidado. E o seu cuidado consigo mesma, mesmo em meio às maiores adversidades, me ajudou muito a cuidar ainda melhor de mim;

aos meus demais irmãos, Fabrícia de Paula Jorge Santos, Wanderley de Paula e Jove Herley de Paula, por me mostrarem que, juntos, somos mais fortes neste momento tão delicado que todos estamos vivendo;

ao meu marido, Rodrigo Guimarães Motta, que, com a sua calça *jeans* Levis e a sua camiseta Hering branca de sempre, também me ensinou muito sobre objetividade e congruência. Sem o seu incentivo e a sua parceria, este livro continuaria sendo um projeto por muito mais tempo;

aos meus filhos, Antonio Bento e João Abade, as minhas maiores motivações para querer ser alguém melhor a cada dia. Obrigada pela paciência que tiveram nesse período em que também precisei me dedicar a esta obra e por tudo o que me inspiram a ser e a fazer cada vez mais;

à minha amiga Suellen Sartorato, que não só me estimulou em todo o meu processo desde que nos conhecemos na pós-graduação, como ainda vibrou com cada uma das minhas menores e maiores superações. O modo como ela compartilha o seu conhecimento e manifesta o seu querer ver bem é de uma generosidade ímpar, com a qual fui e continuo sendo tantas vezes beneficiada;

às minhas queridas Flora Agra, Gracia Arnosti e Milly Nakai, por todas as conversas, por todo o apoio e por todo o acolhimento em relação à minha vida pessoal e profissional, assim como às minhas amigas Gracie Ribeiro e Lúcia Maciel, que são luzes em minha caminhada. Qualquer que seja a necessidade, poder contar com cada uma de vocês e com todas vocês ao mesmo tempo é um diferencial à parte na minha vida, pelo qual só tenho mesmo muito a agradecer.

Por fim, para além dos afetos do meu universo pessoal, um agradecimento igualmente especial:

à Profa. Ms. Jô Souza, que sempre me estimulou a sair da minha chamada "zona de conforto" e a fazer uma consultoria de imagem e estilo cada vez melhor;

à Profa. Dra. Leila Rabello de Oliveira, por todo o direcionamento que me deu desde a elaboração do artigo acadêmico e por ter aceitado tão prontamente a coautoria deste livro;

a todos os meus mestres da pós-graduação em Consultoria de Imagem e Estilo do Centro Universitário Belas Artes, pela aprendizagem tão significativa;

a todas as minhas colegas da pós-graduação – em especial, à Key Fortaleza, à Nathalia Barbosa e à Manu Louro –, por todas as trocas nesse percurso;

ao Manoel Machado, à Marcella Rabello Lambaz Zocharato e à Ana Cláudia Utumi, tanto pelas entrevistas gentilmente concedidas quanto pela cessão das imagens reproduzidas no capítulo três;

a todas as 60 entrevistadas com quem tive contato para a realização da pesquisa apresentada no capítulo cinco, bem como a todos aqueles que acompanharam a minha #40tenasempijama no Instagram;

à Ilana Berenholc, por ser uma referência e por assinar o prefácio, e à Patrícia Dalpra, por todo o incentivo e pelo texto de apresentação, ambas enriquecendo ainda mais este livro;

à Iara Mola, por conferir um toque humano e sensível a este trabalho, transformando um texto originalmente "mais espinhoso" numa redação final bem mais delicada; e

à Karolina Loredo, pelo profissionalismo e pela excelente organização ao longo de todas as etapas de produção, desde o conteúdo da versão original até a versão aqui publicada.

Sintya Motta

*Nosso maior medo não é o de sermos inadequados.
Nosso maior medo é o de sermos poderosos além da medida.
É a luz, não a escuridão, que mais nos assusta. Perguntamos a
nós mesmos: "Quem sou eu para ser uma pessoa brilhante, linda,
talentosa, fabulosa?". Na realidade, quem é você para não ser?*

*Você vem de uma fonte abundante. Ao se fingir pequena,
você não contribui para o mundo. Não há nada de iluminado
em se apequenar para que outros não se sintam inseguros ao seu
lado. Todos nós fomos feitos para brilhar, assim como as crianças.
Nascemos para manifestar a glória divina que está em nós. Não
apenas em alguns de nós: em todos nós. E, quando permitimos
que nossa luz brilhe, inconscientemente damos a mesma
permissão a outros. Ao nos liberarmos do medo, nossa presença
automaticamente libera as outras pessoas.*

Marianne Williamson
A return to love: reflections on the principles of "A course in miracles"* (1992)

---

*De volta ao amor: reflexões acerca dos princípios de "Um curso em milagres" (tradução livre).

Sumário

PREFÁCIO 13

APRESENTAÇÃO 17

INTRODUÇÃO 19
O estranho poder que as roupas têm

CAPÍTULO 1 29
O vestuário de cada dia:
por que "nossa segunda pele"?

CAPÍTULO 2 35
Cognição do vestuário:
do que estamos falando, afinal?

CAPÍTULO 3 49
Como ficou a relação com o nosso
guarda-roupa nesta quarentena?

CAPÍTULO 4 65
Quarentena sem Pijama (QSP):
a cognição do vestuário no meu dia a dia

CAPÍTULO 5 87
O que diz quem interagiu com a QSP?

CAPÍTULO 6 103
No *home office*,
como ficar em casa sem pijama?

REFERÊNCIAS 121

Prefácio

Minhas memórias de infância me levam à casa dos meus pais, onde sempre admirei um quadro grande na parede da sala. O nome do quadro? "Dilema matinal dos que têm roupas". A imagem? Um guarda-roupa cheio de roupas penduradas, pintado de forma abstrata em tons de bege e alguns pontos de cor. E é justamente nessa questão que acredito que consultores de imagem atuam: ajudando pessoas para que vivam sem esse dilema todas as manhãs.

Vestir é um ato intencional. Nossas escolhas são feitas para satisfazer desejos, mesmo que, em muitos momentos, não nos demos conta disso. Desejos que podem estar ali para satisfazer diferentes tipos de necessidades: físicas, aquelas ligadas à proteção e ao conforto; sociais, ligadas aos papéis e às atividades que teremos naquele dia; estéticas, ligadas ao ato de nos embelezarmos e adornarmos; e, por último, psicológicas, que se referem ao bem-estar psicológico que a roupa pode nos proporcionar, funcionando como uma segunda pele para nós. Não existe um vestir neutro, mesmo que você escolha estar de bege da cabeça aos pés.

Para cada um de nós, existe uma hierarquia pessoal dessas necessidades. Há aqueles que não abrem mão do conforto, enquanto outros não abrem mão do salto alto. Ao final, a forma como nos apresentamos é reflexo dessa camada não visível do nosso vestir.

Essa camada não visível é de onde vêm todas as motivações para nossas escolhas. Além das necessidades, nossos valores e emoções fazem parte dela. Não os vemos, mas sempre estão lá.

No entanto, não somos os mesmos o tempo todo. Se fôssemos, talvez não haveria o tal dilema que o quadro na parede da minha mãe retrata. O humor muda, o tempo muda, o mundo muda, a vida muda. E, com isso, o que talvez fosse muito certo para nós, deixa de ser. Inclusive, a imagem que temos de nós mesmos.

Somos seres que se afetam e são afetados. É justamente sobre isso que este livro fala. Como a pandemia afetou nossa vida e, com isso, nossos desejos e necessidades. Como afetou os conceitos que tínhamos sobre nós mesmos. Como afetou nossa forma de nos vestirmos e nos relacionarmos com as roupas. E como podemos usar essa mesma roupa para sermos afetados e criar um novo estado emocional, em que nos sintamos mais potentes.

Cada elemento de *design* na roupa provoca em nós – e nos outros – sensações: as cores, as formas, as estampas, os tecidos e as texturas, a forma com que nos adornamos e embelezamos, um pequeno detalhe. No entanto, exploramos pouco esses recursos. Apostamos sempre no mesmo estilo, nas mesmas formas, nas mesmas cores. É difícil sair do modo automático no vestir. Assim, ao mesmo tempo que nos conhecemos muito, também nos conhecemos pouco.

Mudar requer intenção. Não leve o vestir tanto a sério. Volte àquele momento da infância em que invadir o guarda-roupa dos pais ou usar uma fantasia lhe permitia se ver e se sentir com algum superpoder. Entre num provador e experimente aquilo que nunca experimentou. Ou, abra seu guarda-roupa e combine coisas de uma forma que nunca combinou. Olhe no espelho, sinta o toque do tecido na sua pele, caminhe e veja como essa roupa afeta seu gestual. Descubra para si novas possibilidades de expressão que você sente que aumentam sua energia, seu astral. Transforme o dilema no prazer matinal dos que têm roupas.

Ilana Berenholc
Pioneira na consultoria de imagem no Brasil
e criadora do método Style.Int

Apresentação

Ao longo da minha jornada profissional, tenho sido presenteada com encontros muito especiais. Sintya Motta, sem dúvida, é um desses presentes. Iniciamos nosso trabalho em 2018 e tínhamos como objetivo trabalhar seu *branding* e, a partir desse processo, planejar sua carreira.

A cada mergulho feito em busca de autoconhecimento e estudo do DNA, percebia que a consultoria de imagem em sua essência não revelava todo o seu potencial e não seria suficiente para dar sentido ao que ela buscava. Era importante seguir um caminho onde suas forças fizessem a diferença, e, principalmente, que ele estivesse alinhado com seus valores.

Altamente empática e dona de uma sensibilidade muito aguçada, Sintya Motta coloca o ser humano no centro dos seus estudos. Com olhar atento, enxerga a real necessidade do outro e o ajuda a identificar sua intenção de comunicação com o mundo. Sintya Motta transforma esse saber em estratégias de comunicação por meio de uma imagem sensível, autêntica e humana. Tenho certeza de que encontrou seu propósito, aquilo que faz seus olhos brilhar. E este livro é o resultado do caminho encontrado.

Patrícia Dalpra
Estrategista em *personal branding* e Gestora de Carreira, fundadora da PD Gestão de Imagem e Carreira. Designer de formação pelo Instituto Marangoni (Milão), pós-graduada pela Universidade Ramon Llull (Barcelona), e com formação executiva em *brand leadership* pela Universidade Columbia (Nova York).

INTRODUÇÃO

O estranho poder que as roupas têm

> *"As roupas invadem o nosso corpo e a nossa mente nos colocando em um diferente estado psicológico."*
>
> **Adam D. Galinsky**
> (BLAKESLEE, 2012, *on-line*)

Mesmo em meio a um cenário de pandemia, como a maneira de nos vestirmos pode nos ajudar na construção de uma autoimagem positiva, a partir da qual possamos sentir mais bem-estar, mais autoconfiança e, até mesmo, mais produtividade nas nossas tarefas?

Sem dúvida, embora nem sempre paremos para pensar mais pontualmente a esse respeito, são muitas as funções contempladas nesse nosso simples ato de nos vestir, a começar pela própria proteção que as roupas nos oferecem ante qualquer intempérie da natureza. Além desse exemplo, entre os muitos conhecimentos que já incorporamos ao longo do tempo no que se refere à importância do guarda-roupa, também já sabemos que, por meio dos usos que fazemos dele, vamos suscitando uma série de impressões sociais acerca de quem e de como somos – algumas condizentes com a nossa essência, outras nem tanto...

Mas, detendo-me na pergunta mais ampla com que inicio a introdução deste livro, são duas as principais questões que, mais especificamente, se desdobram a partir dela e sobre as quais convido você a se debruçar comigo nesta obra.

A primeira é: não menos importantes do que essas impressões que vamos desencadeando socialmente, quais são as percepções que, por meio dessas escolhas do vestuário, cada um de nós vai instituindo e reforçando sobre si mesmo?

E a segunda, indissociável da primeira, é: considerando todos os cuidados que nos foram impostos pelo advento da Covid-19 – em decorrência do qual nos vimos diante de um conjunto de sucessivas quarentenas[1], bem como do *home office* instituído com elas –, qual poderia ser a importância de refletirmos a respeito dos usos que fazemos do nosso guarda-roupa bem agora?

Bem, de antemão, já posso lhe assegurar que a resposta é: t-o-d-a!

Porém, devo admitir que, até algum tempo atrás, essa não era exatamente a resposta que eu mesma daria... Não sei quanto a você, mas essas não eram questões sobre as quais eu ponderasse. Tal como já é possível deduzir, a minha relação com o meu próprio guarda-roupa e com a minha própria imagem nem sempre foi essa que tenho hoje.

---

[1] De acordo com as pesquisas que realizei em diferentes veículos de comunicação no decorrer de 2020, o emprego de "quarentena" no contexto da pandemia da Covid-19 pode compreender a necessidade de recolhimento social por parte daqueles que tiveram contato com pessoas doentes, mesmo que ainda não apresentem sintomas, e que devem ficar isolados por um período de até 14 dias: "[...] A quarentena é uma ação preventiva que visa à certificação de que a pessoa exposta ao vírus não foi infectada, já que, durante o período de incubação do SARS-CoV-2, o doente pode estar assintomático [...]." (DISTANCIAMENTO..., 2020, *on-line*). **Nesta obra, no entanto, o meu emprego de "quarentena" se dá, invariavelmente, no sentido da ação preventiva aplicada em nível coletivo, por determinação de autoridades**: "A quarentena pode acontecer tanto em casa quanto em locais pré-estabelecidos pelo governo, dependendo de onde você está [...]. Governos federais, estaduais e municipais podem também decretar quarentena, restringindo a circulação de pessoas e o tipo de estabelecimento que pode continuar funcionando. Várias cidades e estados no Brasil já aplicaram a medida" (SATIE, 2020, *on-line*).

Para ser mais específica, a verdade é que, para mim, tudo até então parecia se resumir à necessidade de seguir à risca aquelas combinações de "certo *vs.* errado" com as quais vamos nos deparando no decorrer da vida toda... Levei anos para finalmente desconstruir essa ideia de que o meu modo de me vestir deveria se orientar apenas pela preocupação com o tipo de imagem que eu gostaria de comunicar em cada tipo de situação e conforme os juízos de valor de um dado grupo de pessoas.

Antes, portanto, essas não eram inquietações que me ocorriam dessa maneira. Eu não questionava como, afinal, essas combinações poderiam comunicar as nossas particularidades como indivíduos e nos inspirar desta ou daquela maneira, se elas já nos chegavam tão padronizadas... No meu caso, por exemplo: quantas delas realmente "combinavam" comigo, expressando verdadeiramente a minha personalidade e intervindo a meu favor naquilo que eu efetivamente buscava?

Em boa medida, preocupar-me com questões dessa natureza era algo que, anteriormente, já me parecia um tanto "fútil", mais "superficial"... Não quer dizer que "qualquer coisa servisse", mas também não era que isso "importasse": roupa era roupa, e não a minha segunda pele, como viria a se tornar. E ainda orientada por esse pensamento foi que, aos poucos, surgiu o meu interesse em aprender um pouco mais sobre esse universo.

Depois de realizar minha graduação em Administração, de ter uma passagem pelo Marketing, de cursar teatro e arte-educação, de me casar, de me tornar mãe de dois lindos meninos e de me especializar em projetos de organização, investi na pós-graduação em Consultoria de Imagem e Estilo[2]. Oferecido pelo Centro Universitário Belas

---

2 Atualmente, "Consultoria de Imagem e Beleza", tal como pode ser verificado no *site* da instituição: https://www.belasartes.br/pos-graduacao/?pagina=cursos&curso=consultoria-de-imagem-e-estilo. Acesso em: 16 mar. 2021.

Artes de São Paulo (ao qual, doravante, passarei a me referir como a – ou na – "Belas Artes"), o curso teve início no segundo semestre de 2018, e nele foi que vim a ter a satisfação de ser orientada pela Profa. Dra. Leila Rabello de Oliveira, coautora deste trabalho, cujas intervenções e contribuições foram essenciais para que eu pudesse concluir com êxito o meu artigo acadêmico intitulado "Quarentena e *home office* sem pijama: *enclothed cognition* e o poder das roupas sobre a autoimagem e a produtividade das pessoas", apresentado nessa mesma universidade em dezembro de 2020[3].

Antes mesmo dessa pós-graduação, porém, devo acrescentar que já me sentia profissionalmente muito mais atraída pela organização de *closets* do que pela de todos os outros espaços. Particularmente, eu não compreendia muito bem o porquê de as pessoas guardarem, por anos a fio, tantas peças que não tinham nada a ver com elas – ou, ainda, com as quais sequer já tinham chegado a se identificar em algum momento.

Desde esse período, inclusive, eu já sentia a necessidade de fazer uma imersão nessa área, o que me levaria à inscrição não só na pós-graduação, como também em alguns renomados cursos dos quais participei enquanto a realizava, todos eles ministrados por autoridades reconhecidas dentro e fora do Brasil.

Já nesse percurso, passei a entender bem melhor do que tudo isso tratava. Contudo, esse meu entendimento ainda estava muito restrito ao âmbito intelectual. Assim, não foram apenas as teorias que me deram a apropriação desse saber, de um modo que, a mim, ele fosse mesmo mais efetivo: eu precisei colocá-lo à prova no meu próprio corpo. E "precisei" também que isso acontecesse como um

---

3 Iniciei o curso no segundo semestre de 2018 e o concluí em dezembro de 2020. No segundo semestre de 2019, acabei trancando a matrícula, dada a necessidade que senti de acompanhar mais de perto o início do tratamento médico da minha irmã, sobre o qual me refiro logo mais adiante.

desafio pessoal bem num momento em que me senti muito deprimida não só com o isolamento social oriundo da pandemia, mas também pelo próprio fato de que, pouco antes do início dela, eu já estava acompanhando de muito perto a batalha da minha irmã contra um câncer já diagnosticado em estágio avançado.

Soraya, a propósito, é uma dessas pessoas que sabem naturalmente o que demandei tempo para melhor assimilar.

Eu já tinha ingressado no curso da Belas Artes quando, não por uma intervenção acadêmica, mas por me achar pessoalmente interessada em aprender mais, tomei contato com o conceito de dois renomados psicólogos cujas pesquisas abrangiam a influência da nossa indumentária nas nossas emoções e nos nossos comportamentos. Refiro-me a Hajo Adam, psicólogo organizacional, e a Adam Galinsky, psicólogo social, que alcunharam o fenômeno hoje conhecido como *"enclothed cognition"*, que passaremos a chamar de "cognição do vestuário".

De acordo com esses especialistas, cujos estudos correspondem ao principal pilar teórico no qual esta obra se fundamenta, fato é que as roupas que usamos afetam os nossos processos psicológicos. E, com a minha alma de garimpeira, sempre à procura de tesouros ainda não descobertos, encontrei aí um território a ser explorado (fora do campo da Psicologia) e que, já no espaço acadêmico, ganharia ainda mais evidência e aplicação na minha própria pesquisa.

Ocorre que, enquanto fui ler Adam e Galinsky por conta própria, fazendo os meus primeiros contatos com a noção de cognição do vestuário a fim de que pudesse chegar à influência que as nossas roupas exercem sobre o nosso humor, a nossa autoconfiança, a nossa produtividade e a nossa saúde, Soraya estava dentro de um quarto de hospital devidamente arrumada, maquiada e disposta, interagindo com todos por meio de um largo sorriso acompanhado de um batom vermelho que sempre lhe caiu muito bem. O batom vermelho, aliás, é uma marca dela.

Sem que eu alcançasse o que esse seu autocuidado realmente significava, eis que algumas vezes sugeri aí uma "preocupação muito fútil" de sua parte, levando em conta tudo o que estava acontecendo... *"Não sei como você consegue estar sempre assim..."*, eu lhe dizia. Até que, certo dia, Soraya me explicou: *"Imagine se, nesta situação, eu não me arrumasse... Seria como se eu tivesse desistido..."*.

Bem, eu imaginei. E, no primeiro semestre de 2020 – que coincidiu tanto com o início dos tratamentos no combate ao câncer da minha irmã quanto com a chegada da pandemia ao Brasil e os seus muitos impactos –, tive a oportunidade de me lançar à experiência que, ao final, não apenas seria pessoalmente transformadora para mim, como ainda viabilizaria o estudo a ser concluído como requisito para a conquista do meu próprio diploma na pós.

O propósito inicial da minha Quarentena sem Pijama (QSP) – a #40tenasempijama, iniciativa que lancei no meu Instagram @sintymotta e que apresentarei melhor no decorrer do capítulo quatro – estava em me ajudar a sair da minha dor, da minha improdutividade, da minha letargia. A essa altura, já não restava qualquer dúvida de que, como símbolos, as roupas nos inspiram atitudes. Agora, era a hora de descobrir quais atitudes as minhas roupas me inspiravam.

Em meio a todos os afazeres de casa (cozinhar, passar, fazer faxina pesada...), às idas e vindas do supermercado, ao cuidado dos meus filhos (de quebra, aplicando *homeschooling*) e à tentativa de estudar e trabalhar ao mesmo tempo, encontrei a minha maneira de assegurar uma rotina diária de cuidado comigo mesma, passando pela limpeza do meu armário, pela higienização das peças e pelo meu guarda-roupa-cápsula, ao qual dei o nome de "#ficaemcasasempijama" (e que também abordarei no capítulo seis).

O processo não foi "simples" – como tudo o que é processo. A minha irmã continuava (e continua) sob intenso tratamento e, enquanto providencio a publicação desta obra, permanecemos sob todas as limitações agora trazidas com a segunda onda da Covid-19. Mas foi e tem sido nesse contexto que realmente vivenciei a diferença que esse conhecimento – que é atitude – é capaz de fazer. Ou melhor: vivenciei como ele me ajuda a me sentir mais capaz de fazer. E de fazer mais, inclusive por mim. Então, por que não fazê-lo por muito mais pessoas?

Hoje, como estrategista em cognição de vestuário e imagem, é certo que também me importam as impressões que as pessoas podem e/ou querem causar nos outros por meio da sua imagem. Mas aquilo pelo que me interesso ainda mais é justamente o que vem antes disso: *qual é o impacto da nossa autoimagem sobre cada um de nós? E como o nosso guarda-roupa influencia nessa imagem que vamos construindo a nosso próprio respeito, bem como na nossa autoconfiança e na nossa produtividade diária?*

Embora vise a impulsionar a disseminação de um conhecimento relevante articulado a uma experiência particular que corrobora a teoria (e que conta também com uma entrevista envolvendo 60 mulheres que acompanharam os registros dessa minha vivência), importa esclarecer que esta obra não adentra a complexa seara dos estudos da Psicologia, área na qual não tenho formação.

Ainda nesse sentido de antecipar em linhas gerais o conteúdo nas páginas seguintes, também vale dizer que este não é um "livro de moda", no qual sejam apresentadas as tais combinações sobre o quê, como e quando devemos vestir alguma coisa... No máximo, com o seu teor ilustrativo, sobretudo no capítulo seis, as imagens aqui reproduzidas buscam inspirar, mas nunca prefixar o que quer que seja, tampouco padronizar. Na essência, elas registram o que foi o meu próprio processo, durante e após o qual, conforme já assinalei, sigo descobrindo no meu próprio guarda-roupa os recursos para potencializar, em mim, melhores condições de alcançar os resultados que almejo.

Nos seis capítulos a seguir, você encontrará, então, todo o conteúdo de um artigo acadêmico adaptado para atender às especificidades do formato livro, pensado para alcançar – e, quiçá, sensibilizar e também instrumentalizar – um público mais amplo.

Como parte dessas adaptações, os leitores encontrarão aqui não apenas uma linguagem "mais fluida" (no sentido de "menos técnica"), como também duas vozes discursivas que se dividem, oportunamente, ao longo do conteúdo: nesta introdução, no capítulo quatro (referente à minha experiência) e no capítulo seis (com o qual esta publicação se encerra), eu, Sintya Motta, escrevendo na primeira pessoa do singular; nos demais capítulos, eu e a Profa. Dra. Leila Rabello de Oliveira valendo-nos da primeira pessoa do plural.

Não mais limitado àquele da esfera acadêmica, dirijo-me agora, em especial, a um público que está muito mais restringido aos espaços do ambiente doméstico desde o início da pandemia, administrando aí uma série de desafios. Entre estes, a necessidade de preservar a sua saúde física e psicológica, de resgatar ou de aumentar a autoestima e a autoconfiança, de dar conta de todas as atividades do lar e de, dentro desse mesmo espaço, manter a produtividade até então conquistada no local de trabalho, entre outras tantas demandas.

Assim, na contramão do incentivo a um "relaxamento" no ato de nos vestirmos nesse período em que passamos muito mais tempo em casa, e em conformidade com os estudos de Adam e Galinsky, é que entendo e proponho essa reflexão quanto à forma como a nossa vestimenta influencia a nossa percepção sobre nós mesmos, bem como as muitas maneiras como interagimos com o universo ao nosso redor, impactando até mesmo os outros com quem convivemos.

Estimo que essa proposta nos permita imaginar, por exemplo, quais seriam os possíveis efeitos de permanecermos de pijama em casa, o dia todo, quando os compromissos assumidos exigem que desempenhemos uma série de papéis na execução de uma grande lista de pequenas, médias ou grandes atividades...

Por essa razão, aliás, é que, como ponto de partida, precisamos desde já compreender que não existem "roupas neutras", por mais que muitas delas sejam assim consideradas. Toda roupa sempre comunica e nos inspira algo a nosso próprio respeito. Tal como já nos revelaram ambos os especialistas a que me refiro, apesar de as roupas não representarem a integralidade do homem, elas têm poder sobre quem as veste (ADAM; GALINSKY, 2012).

No mais, conquanto o livro surja em meio ao contexto de pandemia, também não perco de vista a sua potencial contribuição para quando esse período de maior recolhimento/isolamento social já tiver finalmente passado – embora muitos apontem a tendência de que o *home office* permaneça.

Por meio desta publicação – tanto quanto por meio do artigo a partir do qual ela se desdobra –, espero contribuir para ampliar o nosso entendimento acerca da cognição do vestuário na própria realidade brasileira. Isso porque os estudos acerca dessa teoria ainda estão muito mais circunscritos aos países da América do Norte, da Europa e da Ásia, de modo que ainda nos falta um conhecimento mais ostensivo a respeito da influência das roupas sobre as nossas emoções e os nossos comportamentos. Um conhecimento que nos permita ir além da orientação pautada exclusivamente pelo impacto das escolhas do nosso vestuário na percepção alheia, embora ela também tenha o seu devido valor[4].

---

4   Para aqueles que se interessarem em aprofundar o seu conhecimento no tema, a lista de referências com todas as fontes que pesquisei para o desenvolvimento deste conteúdo está disponível no final do livro. Nos capítulos, a menção a cada autor que consultei é acompanhada do ano de publicação

Nas próximas páginas, portanto, acredito que, costurando cuidadosamente teoria e prática, ficará cada vez mais claro aquilo que tive a oportunidade de apreender ao longo desses anos de estudo e, mais recentemente, mediante a minha própria vivência.

Particularmente, acredito que conforto é estar bem na nossa própria pele. Que nos adequarmos a uma determinada ocasião ou aos próprios eventos do nosso dia a dia não tem a ver com a necessidade de nos moldarmos inteiramente ao padrão: tem a ver com encontrarmos a nossa própria identidade dentro de cada formato e de imprimirmos nele a nossa própria assinatura.

Nesse universo da imagem e do estilo, nada precisa ser rígido: só precisa ser congruente – se essa for a nossa predisposição. Até porque, no final, cada vez mais temos nos dado conta de que não estamos aqui para comunicar a nós e ao mundo quem não somos: estamos aqui para encontrar os meios de nos tornar nada menos do que a nossa melhor – e mais autêntica – versão.

Este é o meu convite a você: vamos juntos encontrar um desses caminhos?

---

da sua respectiva obra, de modo a facilitar a sua identificação (pelo próprio sobrenome). Em meio às adaptações necessárias, trata-se de um padrão do texto acadêmico mantido nesta publicação em razão da sua pertinência, possibilitando o acesso aos originais a quem desejar fazê-lo.

CAPÍTULO 1

O vestuário de cada dia: por que "nossa segunda pele"?

Situados em diversas áreas do conhecimento, são muitos os estudos que se detêm no porquê de nos vestirmos e em como o fazemos, cada qual contribuindo para ampliar o nosso entendimento a respeito da importância dessa prática na nossa vida, individual e coletivamente.

Neste primeiro capítulo, procuramos, então, reunir – em linhas gerais – algumas considerações que envolvem as mudanças pelas quais esse hábito foi passando no decorrer da história, até que culminasse com as aplicações que verificamos nos dias de hoje, para que a partir daí pudéssemos passar à cognição do vestuário propriamente dita no próximo capítulo. Afinal, sem alguma compreensão relativa ao porquê de nos vestirmos, como fundamentar a influência que cada vestimenta exerce sobre nós, não é mesmo?

Kodžoman (2019) esclarece que, enquanto a finalidade de se vestir se dava pela necessidade de manter os seres humanos secos e aquecidos nas civilizações mais antigas, o que verificamos com a evolução da sociedade foi o acréscimo de outras funções a essa aplicação inicial, até que finalmente chegássemos à moderna complexidade que as possibilidades de vestuário nos oferecem.

Nesse conjunto de possibilidades concretizado ao longo do tempo, as roupas não apenas mantiveram a sua função de preservação da vida: além de expressar a nossa criatividade, elas também passaram a representar as nossas peculiaridades individuais e os valores dos quais cada um de nós se encontrava e/ou se encontra investido.

A título de exemplo, três desdobramentos dessa sua outra função estão na sua utilização como demonstração de riqueza e de poder (tal como o eram as vestes típicas de um rei), como demonstração de pertencimento a um determinado grupo (caso do uniforme dos soldados de um exército) ou como demonstração de pertencimento a uma determinada posição social (caso das peças comumente usadas por aqueles indivíduos pertencentes à nobreza e ao clero na Era Medieval, diferentes das vestes que comumente caracterizavam aqueles pertencentes à classe trabalhadora – à massa).

Para Kohler (2018), não há qualquer dúvida de que as roupas antigas apresentam características e representações identificadas com os símbolos das épocas de quando eram utilizadas. Nessa mesma direção, agora em *História da beleza*, Eco (2017) explora a contribuição do vestuário para que as pessoas se aproximassem dos ideais de beleza estabelecidos em cada período sócio-histórico no qual viveram. Assim, observamos não apenas que as roupas eram diferentes entre si, assumindo particularidades conforme as próprias especificidades de cada região, como também o fato de que elas foram igualmente evoluindo, consoante a própria humanidade.

Mehrabian e Ferris (1967) já destacavam a importância da comunicação não verbal (na qual o vestuário está inserido) para a adequada interação entre os indivíduos. Segundo ambos, a mensagem que comunicamos aos outros será considerada digna de confiança (de "crédito") se aquilo que verbalizamos estiver alinhado com o que eles também apreendem da nossa comunicação *não* verbal – ou seja, daquilo que apreendem em relação à nossa postura, à nossa expressão facial e ao modo como nos vestimos.

De fato, a ação de se vestir faz parte da construção da identidade do indivíduo. Eco (1989) defende que o homem "fala" por meio das suas roupas – o que acaba se tornando mais evidente com o passar do tempo, a partir da incorporação de características associadas à funcionalidade do vestuário e às maneiras como cada indivíduo se percebe como tal e aos modos como ele deseja ser apreciado socialmente.

Para Eco (1989), portanto, a linguagem do vestuário se constitui por meio de características semelhantes àquelas da linguagem verbal, inspirando (intencionalmente ou não) determinadas impressões provocadas da parte de cada um em relação ao(s) outro(s). Ou, ainda, num paralelo com a própria linguagem verbal na perspectiva da construção dos sentidos daquilo que comunicamos, a linguagem do vestuário adotada por cada um também inspira "certos sentidos", determinadas "leituras" e "interpretações" da parte dos seus interlocutores, isto é, daqueles com os quais vai estabelecendo relações – mais próximas ou mais distantes, não importa.

Dessa forma, inclusive, é que se torna possível associar a escolha do vestuário a um tipo de modelo mental (*mindset*) – uma associação que, conforme explica Dweck (2017), pode fazer com que alguém seja mais bem-aceito tanto por si próprio quanto por aqueles com quem convive, ou mesmo fazer com que prospere nas atividades que realiza.

A esse respeito, Shukla (2016) descreve um evento que demonstra o impacto do vestuário num determinado contexto social e como, mediante as próprias roupas que estavam vestindo, diferentes pessoas manifestaram diferentes posicionamentos em relação ao mesmo acontecimento no qual se encontravam envolvidas. No caso aqui reproduzido, a autora se refere ao processo de independência da Índia, no século XX, e também à influência desse processo no vestuário dos indianos até os dias atuais, evidenciando como as roupas associam quem as utiliza a uma determinada visão de sociedade:

> Roupas foram utilizadas para demonstrar poder, desafiar a autoridade e instigar mudança social na sociedade indiana. Durante a luta pela independência, membros da elite indiana incorporaram o estilo europeu às suas vestimentas, enquanto a adoção por Gandhi de uma tanga simbolizava a rejeição do poder europeu e o contraste da pobreza da Índia comparada à riqueza britânica. Tensões semelhantes acontecem hoje na Índia, indianos urbanos adotam cada vez mais roupas "étnicas", enquanto moradores de vilarejos buscam utilizar a moda mais moderna (SHUKLA, 2016, p. 91).

De acordo com Mathis e Connor (1994), no século XX, o reconhecimento da relevância do vestuário para a vida social, combinado à sua importância para a autoimagem, contribuiu para a expansão de profissões que, se já existiam antes, passaram a receber ainda mais destaque. Entre elas, estão a de consultor(a) de moda, de *personal stylist*, de *cool hunter*, assim como a de estilista, de *fashion designer* e produtor(a) de moda.

Outro exemplo é a própria consultoria de imagem e estilo, que busca "ajudar na construção de uma imagem visual que expresse sua personalidade, seu estilo e sua verdade, com artefatos visuais que representem sua identidade pessoal" (FIGUERÔA, 2016, p. 103).

Ainda que a consultoria de imagem e estilo não só aborde o vestuário, como ainda se proponha a elaborar uma identidade visual daquele que a contrata, sendo coerente com a sua essência, ela pode ser considerada um exemplo do aumento tanto do interesse quanto das pesquisas e profissões que trabalham com o vestir. Profissões essas que constantemente se apropriam de teorias de outras áreas das ciências sociais aplicadas, como explica Chaves (2013).

Concomitantemente à expansão dessas atuações, a própria indústria da moda também apresentou um crescimento. As empresas passaram a atender diferentes públicos de consumidores, buscando cativá-los não apenas com fatores racionais que apoiassem a sua decisão de compra (por exemplo, o preço e o caimento de uma peça), mas também com questões emocionais, incluindo, como exemplificado por Martins (1993) e Neves (2000), todos os esforços para a construção de marcas fortes (oferecidas a públicos consumidores que sentem que são atendidas tanto as suas necessidades básicas quanto aquelas relacionadas com identificação e pertencimento a um determinado grupo).

Para que cada um de nós se vista de acordo com as próprias expectativas e com as da sociedade na qual nos encontramos inseridos, precisamos considerar (ou, ainda, a consultoria de imagem e estilo que nos apoia precisa considerar, se for esse o caso) o que desejamos transmitir, para quem e em que contexto.

Nessa direção, Slepian *et al.* (2015) propõem que aqueles que utilizam roupas formais buscam demonstrar profissionalismo, formalidade, mas não necessariamente acessibilidade – por exemplo, caso dos que atuam como advogados. Lurie (1997), por sua vez, considera que, se o objetivo estiver em omitir quem realmente somos, podemos até "mentir" na linguagem das roupas que vestimos – ou, ao contrário, podemos ser autênticos, expressando verdade por meio do vestuário. O fato é que, de acordo com Lurie, o impossível, nesse sentido, é que "fiquemos em silêncio" – a menos que estejamos sem cabelos e nus!

A seu tempo, Joubert e Stern (2007) ampliam o entendimento do vestuário ao explorar como a maneira de nos vestirmos se insere nas nossas tramas de vida particulares, expondo os nossos fracassos e sucessos e, dessa forma, contribuindo ou não para o fortalecimento da nossa autoimagem e da nossa autoestima.

Trata-se, então, de uma compreensão que, aos poucos, vai tornando possível dissociar a ideia de futilidade do cuidado com o vestuário e com o próprio ato de se vestir – uma associação que muitos de nós ainda fazemos espontaneamente, sem, contudo, refletirmos a respeito do real impacto da vestimenta sobre os nossos pensamentos e comportamentos, tanto individual quanto coletivamente.

Uma vez que nos apropriamos desse conhecimento, ainda que de forma geral, passamos a depreender melhor a relevância do vestuário ao longo de toda a história e o quanto ele incide sobre os próprios relacionamentos que vão se configurando no nosso âmbito pessoal e, ao mesmo tempo, socialmente. Isso porque, mais do que "só uma roupa", estamos falando da vestimenta como uma espécie de segunda pele, que também transmite os valores, os desejos, os sonhos e os estilos de vida de quem a traja.

De todo modo, se aqui pincelamos a essência dessa perspectiva que se detém muito nas percepções suscitadas acerca da imagem de cada um no âmbito social, isto é, naquilo que as roupas comunicam "para quem está do lado de fora", resta-nos ainda saber: e quanto às influências dessas escolhas na percepção de quem as faz? Como é que essas escolhas de vestuário vão também impactando os sentidos "pelo lado de dentro"?

CAPÍTULO 2

Cognição do vestuário: do que estamos falando, afinal?

Devido à relevância do tema e do reconhecimento quanto ao seu impacto, novas pesquisas sobre o vestuário têm sido cada vez mais desenvolvidas, abarcando estudiosos de diferentes áreas das ciências humanas e das ciências sociais aplicadas.

Entre essas pesquisas é que encontramos aquela a partir da qual nos orientamos neste livro, concebida pelos psicólogos Hajo Adam e Adam Galinsky (ADAM; GALINSKY, 2012). Segundo eles, quando vestimos uma peça de roupa, ela exerce um tipo de influência nos nossos processos psicológicos, disparando neles conceitos abstratos, graças aos significados simbólicos dos quais essa peça se investe.

Para que chegassem a essa conclusão, os dois pesquisadores formularam antes uma hipótese: a de que vestir uma peça de roupa e incorporar o seu significado simbólico dispararia nas pessoas os processos psicológicos associados a esse mesmo conteúdo simbólico. Sua premissa, portanto, foi a de que a experiência física de vestir uma roupa tornaria mais provável a influência dela nos processos psicológicos de quem a veste. E foi esse o experimento a que ambos se dedicaram.

Como qualquer empreendimento na área da ciência, Adam e Galinsky elaboraram uma hipótese de investigação baseada nas suas próprias observações a respeito de alguns dos estudos que já os tinham antecedido. Trata-se, na verdade, de um pressuposto no fazer científico: ao final, qualquer que seja a área na qual ela se situe, cada nova pesquisa sempre estabelece uma relação com aquelas que lhe são anteriores – seja para ratificar ou para refutar os seus principais resultados, mas sempre propondo um avanço no aprofundamento de cada tema.

Por essa razão, inclusive, é que, no meio científico, não são construídas "verdades universais", no sentido de "verdades" que existam em caráter eterno e irrefutável. Ao contrário: é ponto pacífico que os novos saberes que vão sendo produzidos se dão não só em conformidade com o que os recursos de que dispomos nos permitem alcançar em cada época, mas também de acordo com o que um conjunto de conhecimentos já consolidado a respeito de cada campo nos oferece como ponto de partida para a sua continuidade.

Assim, no que se refere ao seu próprio estudo, não por acaso Adam e Galinsky (2012, p. 918) registraram: "[...] a pesquisa *sugere* que [...]". No contexto do meio científico, portanto, não devemos entender a "sugestão" como uma falta de convicção ou como uma insegurança dos estudiosos no que diz respeito à validação dos resultados verificados ao longo da sua própria observação, ou, ainda, como indício de uma falta de maior compromisso da sua parte com a própria conclusão que apresentam.

Na verdade, os registros de que "a pesquisa sugere", comuns à própria redação das pesquisas científicas realizadas nas mais diversas áreas, têm a ver com a clareza dos autores quanto ao fato de não pretenderem esgotar, num único estudo, as possibilidades de que outros tantos estudos ainda venham a se desdobrar dele – validando-o ou contestando-o, contribuindo para o seu avanço (claro, desde que por meio da adoção de bases teóricas e de critérios metodológicos que lhes permitam esse feito).

Como dizíamos, Adam e Galinsky (2012) também partiram de outros estudos[5]. O primeiro e mais decisivo para o desenvolvimento da sua pesquisa consistiu na teoria desenvolvida por Niedenthal *et al.* (2005): a do *embodied cognition* – doravante, a teoria da cognição do corpo. Segundo ela, as nossas experiências físicas podem disparar conceitos abstratos associados e simulações mentais por meio do seu significado simbólico.

De um modo mais simplificado, em relação à cognição do corpo de Niedenthal *et al.* (2005), o que essa teoria propõe é que **não** pensamos apenas com o cérebro: "pensamos" também com o nosso corpo.

Na prática – e de um modo bastante objetivo –, basta termos em vista que, uma vez que o nosso corpo é dotado de uma inteligência própria, o simples fato de mudarmos de uma posição para outra já

---

[5] Aqui, no lugar de recuperar de forma mais consistente as pesquisas que originalmente viabilizaram a formulação da hipótese de Adam e Galinsky (2012) e, portanto, da teoria que eles desenvolveriam e na qual nos pautamos neste livro, optamos por nos concentrar na apropriação que, juntos, os dois psicólogos fizeram delas, culminando aí a perspectiva de vestuário que nos interessa ainda mais particularmente e sobre a qual, conforme já assinalamos na introdução desta obra, ainda não existem estudos disponíveis no Brasil (não encontramos nenhum deles nas bases de dados da pesquisa nacional verificadas).

Assim, no lugar de retratar mais detalhadamente os seus objetivos iniciais, as metodologias adotadas e os respectivos resultados alcançados em cada uma dessas pesquisas que os precederam, pincelamos os entendimentos gerais que culminam de cada uma delas para que não perdêssemos de vista a própria gênese da cognição do vestuário – não bastasse, claro, esses serem conhecimentos importantes e dos quais nos beneficiamos também.

De todo modo, para os leitores que desejarem aprofundar o seu conhecimento tanto acerca dos estudos anteriores ao de Adam e Galinsky quanto aos deles próprios, recomendamos, sem dúvida, a consulta às obras dos pesquisadores mencionados, encontrados a partir dos seus sobrenomes nas referências ao final deste livro.

pode ser o bastante para fazê-lo produzir ou não mais bem-estar – não apenas físico, mas também psicológico e emocional.

Como exemplo, tomemos este período de atravessamento da pandemia, em que estamos em casa na maior parte do tempo: no próprio espaço doméstico, podemos experimentar essa diferença ao adotarmos uma posição em que as nossas costas estejam eretas, com os nossos ombros projetados para trás e o peito aberto, em vez de uma postura na qual nos mantenhamos mais cabisbaixos e com os ombros caídos.

De acordo com os resultados comprovados por meio de pesquisas, uma mudança tão simples como essa apresentada é capaz de estimular a produção de mais hormônios de bem-estar no nosso corpo – o que, por sua vez, resulta no aumento do nosso nível de concentração.

Na linha desse entendimento, contudo, o efeito contrário também é verdadeiro: a manutenção de uma postura cabisbaixa, com os ombros caídos e o peito mais comprimido (como se as nossas costas realmente estivessem curvadas pelo carregamento de algum peso), por exemplo, também influencia o próprio corpo na não liberação desses hormônios – o que acaba desencadeando desânimo e tristeza, por exemplo.

Já a segunda perspectiva – que colaborou no sentido de complementar a sua pesquisa – advém de uma série de estudos que analisam como o vestuário – cujas peças são tomadas como signos – influencia na construção da nossa imagem social, ou seja, na imagem que os outros apreendem de nós consoante o modo como nos vestimos.

Em linhas gerais, essa concepção propõe que, como signos (portanto, dotadas de conteúdos simbólicos), as roupas exercem influência na construção da nossa imagem social, incluindo-se aí as expectativas geradas a nosso respeito – em suma, trata-se da "leitura" que os outros fazem de nós.

Na prática – e de um modo bastante objetivo –, basta considerarmos o seguinte: uma vez que, assim como outros signos verbais e não verbais (tais como a língua falada e como a linguagem das cores, respectivamente), as roupas também manifestam um conteúdo simbólico no mundo das relações sociais, verificamos que a escolha por uma determinada peça (assim como por uma determinada cor) impacta na percepção de quem nos vê trajados desta ou daquela maneira.

Como exemplo, tomemos aqueles que vestem roupas mais claras: em geral, eles acabam sendo associados a pessoas "mais acessíveis", "mais predispostas a ter empatia", dada a simbologia constitutiva da própria cor clara. Em contrapartida, de acordo com os resultados comprovados por meio de um desses estudos, atletas (jogadores de futebol) que usam roupas mais escuras, por exemplo, foram tidos como "mais agressivos", "mais propensos a entrar em alguma confusão" (FRANK; GILOVICH, 1988 citados por ADAM; GALINSKY, 2012).

Ainda outro exemplo nesse sentido diz respeito a um experimento envolvendo professores-assistentes: segundo o que os pesquisadores puderam apreender, aqueles que vestem roupas formais são percebidos como mais inteligentes, mas também como menos interessantes do que aqueles professores-assistentes que vestem roupas menos formais (MORRIS *et al.*, 1996 citados por ADAM; GALINSKY, 2012).

Numa articulação rápida entre as duas compreensões levantadas por meio dessas pesquisas – uma voltada à cognição do corpo, outra relativa às roupas como símbolo –, lembramo-nos, oportunamente, de Baumgartner (2012, p. IX, tradução livre), que sugere a seguinte metáfora, aqui compartilhada a título de reflexão:

> As roupas são uma extensão de quem somos. Muito como uma tartaruga com o seu casco, por meio delas nós dizemos ao mundo quem somos, o que somos, onde estamos e em que momento de nossa vida nos situamos.

Em 2012, então, partindo desses estudos anteriores aos quais dariam continuidade, fazendo-os avançarem, Adam e Galinsky (psicólogo organizacional e psicólogo social, respectivamente, mais bem apresentados no quadro a seguir) publicaram a sua pesquisa propondo uma teoria cujo nome eles mesmos cunhariam: a *enclothed cognition* – a que nos referimos desde a introdução desta obra como "cognição do vestuário". Uma teoria que, de acordo com os próprios autores, pode oferecer uma explicação unificadora para as diversas pesquisas voltadas ao efeito das roupas que existem hoje na literatura.

QUEM SÃO ADAM E GALINSKY:	
Hajo Adam	*Adam D. Galinsky*
Psicólogo organizacional e professor de Gestão, Estratégia e Organização na Universidade de Bath, no Reino Unido. Antes de ingressar na Bath, recebeu os seus títulos de M.Sc.[1] e Ph.D. do INSEAD. Além de publicações em jornais e revistas acadêmicos muito prestigiados, as suas descobertas sobre cultura e conflito também já circularam por meio de veículos da imprensa internacional bastante populares. Entre eles, BBC News, Forbes, Men's Health, The Guardian e The New York Times. Recebeu prêmios por excelência em ensino na Kellogg School of Management e na Rice, e foi selecionado pela Poets&Quants como um dos melhores professores de negócios do mundo com menos de 40 anos de idade em 2014.	Psicólogo social e professor de Liderança e Gestão Ética na Columbia Business School, em Nova York, EUA. Antes de ingressar na Columbia, recebeu os seus títulos de M.A.[2] e Ph.D. da Universidade de Princeton. Com mais de 200 artigos científicos, capítulos e casos de ensino nas áreas de Administração e Psicologia Social, sua pesquisa — sobre liderança, poder, negociações, tomada de decisões, diversidade e ética — já foi reconhecida por meio de diversos prêmios nacionais e internacionais da comunidade científica. A Thinkers50 o selecionou como um dos melhores pensadores em talentos em 2015; a Poets&Quants, como um dos 50 melhores professores de negócios do mundo em 2012.
1 "M.Sc." ou *Master of Science*, traduzido como "mestre das ciências", é o título concedido a quem concluiu o mestrado em áreas como Exatas e Biológicas. 2 "M.A." ou *Master of Arts*, traduzido como "mestre das artes", é o título concedido a quem concluiu o mestrado na área de Humanas.	

Fonte: Adaptado de Hajo..., [2021] e Adam..., [2021].

Bastante amplo, o estudo efetuado pelos dois autores se deu a partir de três experimentos realizados com estudantes universitários.

No primeiro experimento, 58 estudantes foram divididos em dois subgrupos, sendo que somente um deles usou jalecos de médicos. Ambos os subgrupos fizeram um teste de atenção, mediante o qual os pesquisadores constataram que aqueles que trajavam os jalecos cometeram a metade dos erros do subgrupo que usava roupas regulares.

No segundo, um grupo de 74 estudantes foi dividido em três subgrupos. No primeiro, eles vestiram jalecos brancos, tendo-lhes sido assinalado que aqueles eram jalecos médicos. No segundo, os estudantes utilizaram o mesmo jaleco branco, mas, desta vez, foram informados de que aquela era uma veste comum aos pintores artísticos. No terceiro, os universitários permaneceram em uma sala onde estavam disponibilizados os mesmos jalecos brancos (aqueles usados por médicos, conforme lhes fora anunciado); porém, não foi solicitado que se vestissem com eles. Em seguida, cada um dos membros de cada subgrupo foi submetido a um teste de atenção, a partir do qual os especialistas verificaram que aqueles que estavam utilizando o jaleco branco que seria usado por médicos demonstraram mais atenção sustentada[6] do que os demais participantes dos outros dois subgrupos, isto é, demonstraram um tipo de atenção ideal para quem precisa manter o foco durante um longo tempo.

Finalmente, no terceiro experimento, 99 estudantes foram divididos em três subgrupos. Em um deles, os integrantes vestiram jalecos médicos; em outro, os jalecos utilizados eram, supostamente, de pintores; e, no terceiro, assim como no último subgrupo do segundo experimento, os universitários não vestiram jalecos médicos, mas os tinham à vista durante a atividade. Em seguida, foi solicitado a todos que realizassem a redação de um artigo. Mais uma vez, aqueles

---

6 Exemplos de eventos nos quais esse tipo de atenção (que consiste em nos mantermos focados durante um período mais longo numa atividade ininterrupta e constante) figura como uma habilidade necessária: palestras, cursos, treinamentos, *workshops*, durante as aulas na escola e nos nossos momentos de estudo, deixando de lado quaisquer tipos de distrações que poderiam nos atrapalhar (EQUIPE IBC, 2019).

que vestiram os jalecos atribuídos a médicos demonstraram mais atenção do que os pertencentes aos outros dois subgrupos.

Os resultados dos três experimentos indicam uma conclusão semelhante para quem os estuda: as roupas não apenas possuem significados simbólicos, mas a coocorrência do significado simbólico da roupa com a experiência física de vesti-la tem impacto na autoimagem dos indivíduos. Dizendo de outro modo, os sentidos atribuídos às roupas extrapolam o seu conteúdo simbólico: a ocorrência simultânea entre o significado simbólico de cada roupa e o ato de vesti-la exerce influência na maneira como nós mesmos nos percebemos e, por extensão, no modo como nos comportamos!

Trata-se justamente do que a experiência com os estudantes que vestiram o jaleco médico permitiu denotar, uma vez que os médicos são profissionais dos quais se espera que estejam bastante atentos no desempenho das atividades que os envolvem.

Partindo especialmente da teoria da cognição do corpo, Adam e Galinsky (2012) introduzem a cognição do vestuário para designar a influência sistemática da roupa nos processos psicológicos e nas tendências comportamentais de quem as veste. Essa, portanto, é a principal diferença que encontramos entre uma e outra teoria, ao final: no caso da cognição do corpo, o significado simbólico é direto porque ele tem origem na experiência física; no caso da cognição do vestuário, a relação entre a experiência física e o seu significado simbólico é indireta, ou seja, nós apenas a obtemos quando, fisicamente, vestimos as roupas e, então, as incorporamos, com os seus significados simbólicos.

Em suma, na junção entre a cognição do corpo e a simbologia característica das roupas, os experimentos dos dois psicólogos deixam clara a relação entre a vestimenta que está sendo utilizada e a forma como o nosso próprio corpo a apreende, sendo influenciado pela própria simbologia que ela carrega!

Basta observarmos, por exemplo, que apenas o ato de ver o jaleco médico não exerceu influência naquele subgrupo que não o vestiu; ou seja: olhar para um jaleco, assim como para um terno ou qualquer outra indumentária, não nos coloca na mesma condição (no mesmo estado físico, mental e/ou emocional) em que ficamos quando finalmente vestimos essas peças. Quando as experimentamos no corpo é que então passamos também a sentir os seus efeitos sobre as nossas emoções e os nossos comportamentos.

Os autores concluem a sua pesquisa acrescentando que, apesar do dito segundo o qual "as roupas não fazem o homem", os resultados alcançados por eles sugerem que elas têm "um estranho poder" sobre quem as veste – o que reitera o quanto a ação de vesti-las é fundamental na proposta da cognição do vestuário.

Nos anos seguintes, outras pesquisas foram ampliando o estudo empreendido por Adam e Galinsky (2012), investigando o impacto do vestuário em diferentes indivíduos que desempenham atividades distintas. Apenas para citar alguns exemplos de pesquisadores cujos estudos também podem ser encontrados ao final desta obra, Mendoza e Parks-Stamm (2020) estudaram a profissão policial, enquanto Slepian *et al.* (2015) se voltaram às profissões que exigiam vestimentas formais.

No estudo proposto por Mendoza e Parks-Stamm (2020), 191 estudantes universitários foram convidados a participar de um jogo de *videogame*, no qual aquele que jogava desempenhava o papel de um atirador. Uma parte dos estudantes utilizava as suas roupas normais para jogar, enquanto os outros vestiam uniformes policiais. Ao final, os pesquisadores constataram que, associado a outros fatores explorados no estudo, o uso dos uniformes aumentava a frequência dos disparos efetuados pelos participantes.

Já Slepian *et al.* (2015) analisaram as consequências de nos vestirmos com roupas formais. O artigo contemplado contém cinco experimentos, que podemos sintetizar, apenas a título de ilustração, com base no primeiro deles. Isso porque o primeiro consistiu em entrevistas de 60 estudantes universitários, por meio das quais se observou que aqueles que se vestiam de maneira mais formal demonstraram maior capacidade de pensamento abstrato do que os que usavam um vestuário mais informal. Na esteira do primeiro, os demais experimentos obtiveram resultados semelhantes.

Com base nos conceitos que exploram a importância do vestuário, a professora e psicóloga Karen Pine (2014), por sua vez, revela como as roupas afetam o pensamento de forma a alterar a própria autoimagem, independentemente de termos ou não a percepção disso. A autora se refere, por exemplo, a uma mulher que exibe um belo vestido preto para sair e que, com isso, se sente mais bela, assim como a alguém que, vestindo um terno, se sente mais poderoso, ou, ainda, a um homem que se imagina como uma estrela de *rock* ao vestir calças *jeans* bem ajustadas.

Ampliando esse repertório teórico, mas agora em plataformas que não mais aquelas do universo acadêmico, deparamo-nos com duas palestras que também contribuíram muito com o nosso entendimento a respeito dessa proposta e que também se encontram à disposição dos leitores. A primeira delas, de Mindy Scheier, foi proferida em 2017 no TED@Tommy, em Amsterdã, nos Países Baixos; a segunda, de Stasia Savasuk, foi proferida em 2018 no TEDxPortsmouth, em Portsmouth, nos Estados Unidos, e os *links* de cada uma (no TED e no YouTube, respectivamente) constam nas referências ao final deste livro.

Seguindo a ordem cronológica, começando pela palestra de Scheier (2017), ela relata como a cognição do vestuário impactou o seu próprio filho, que é portador de uma limitação física que o impede de fechar o zíper da calça – o que, por consequência, também o impossibilita de vestir calças *jeans*. Como os colegas do garoto utilizavam esse tipo de calça, ele acabava se sentindo inferior e excluído do grupo.

Atentando-se para a necessidade do filho e empenhando-se em contornar essa situação, Scheier desenvolveu uma coleção de roupas com botões e velcros adaptadas para pessoas com deficiência (PcDs). Ao final, esse trabalho não só resgatou a autoimagem e a autoestima do menino, como também a motivou a lançar uma coleção voltada àquelas pessoas que, tal como a criança, tivessem limitações físicas. E mais: posteriormente, ela ainda criou uma organização para educar a indústria da moda, destacando a importância de atender com excelência as PcDs – que, na época da palestra, em 2017, já somavam mais de um bilhão de pessoas em todo o mundo.

Aqui, orientados pela perspectiva da cognição do vestuário, vale salientar que o principal alicerce para uma iniciativa como essa – da mesma forma como a principal fonte de entusiasmo para a sua celebração – não se resume, exclusivamente, à possibilidade de minimizar, no plano da aparência, a distância entre a diversidade de peças de roupa à disposição das pessoas que não têm deficiência e um número mais limitado de opções à disposição das PcDs.

A questão – assim como o motivo do nosso entusiasmo – é justamente que, concomitantemente à diminuição dessa distância na composição de um e de outro guarda-roupa em si, estão o bem-estar, a autoconfiança, a atitude que uma simples calça *jeans* (tomada como "uma peça de roupa de quem não tem deficiência", a exemplo do que foi o "jaleco de médico" nos estudos empreendidos por Adam e Galinsky) pode inspirar em quem a tem, permitindo-lhe construir uma autoimagem que extrapole uma autopercepção que, até então, pode ter sido muito mais direcionada e até mesmo mais limitada pela própria deficiência.

Dizendo de outro modo: fato é que um relato como esse nos permite compreender como, entre outros fatores da maior importância, a acessibilidade a um guarda-roupa não restrito a PcDs também pode contribuir no sentido de que, tendo a oportunidade de se vestir da mesma forma que as demais pessoas à sua volta, a pessoa com deficiência se perceba e se sinta como igual, como alguém integrado ao grupo, inclusive no que diz respeito aos seus potenciais, e não como alguém de "menor valor", excluído.

Assim como nessa primeira, na segunda palestra a que nos referimos, agora realizada por Savasuk (2018), deparamo-nos novamente com a mobilização de uma mãe que encontrou na cognição do vestuário um recurso para atender à necessidade da filha, que nasceu com uma deficiência, tendo uma aparência distinta daquela comum às demais crianças.

Dada a discriminação sofrida pela filha em virtude da sua aparência, Savasuk dedicou-se, então, a que menina pudesse se sentir o mais bela possível, passando a vesti-la com as melhores roupas que poderia lhe oferecer, todas elas consideradas bastante femininas. O impedimento para o alcance do bem-estar inicialmente pretendido, no entanto, se deu pela particularidade de que, até ali, fazer com que a filha "se sentisse o mais bela possível" contemplava um conjunto de investimentos pautado pelas referências de beleza da mãe, e não pelo entendimento da própria menina acerca de como ela se sentiria mais bonita e com mais autoestima.

Somente depois de algum tempo foi que Savasuk percebeu: a criança não gostava daquelas roupas, não sentia que elas expressavam a sua beleza, tampouco que a representavam intimamente: sua filha queria usar camisa e gravata.

Quando a palestrante aceitou as preferências da garota – que passou a vestir o que desejava –, a menina deu mostras do quanto se sentia mais contente, mais fortalecida e mais autoconfiante para sair de casa e realizar outras atividades com as demais crianças. E, estendendo a experiência pessoal à sua atuação profissional, Savasuk se tornou consultora de imagem e estilo.

Aliás, à época do evento registrado no vídeo a que assistimos, ela trabalhava com casos complexos (tal como aquele com o qual se deparara dentro do próprio lar), incentivando os seus clientes a mostrarem a imagem mais congruente de si para o mundo por meio do vestuário.

Conforme os próprios exemplos aqui reproduzidos permitem ratificar, alinhados ao que já antecipáramos na introdução desta obra, o nosso trabalho se fundamenta no conceito da cognição do vestuário na perspectiva da Consultoria de Imagem e Estilo, e não à luz dos estudos da Psicologia, que foi a área de conhecimento na qual ele foi originalmente concebido por Adam e Galinsky (2012) – o que não implica que, tomada sob essa outra ótica com a qual nos identificamos, a compreensão do que envolve a cognição do vestuário seja afastada da sua formulação inicial ou de alguma forma prejudicada.

Situada no campo da Consultoria de Imagem e Estilo, a particularidade desse entendimento fica por conta da proposta de que, para além do trabalho em torno da aparência da pessoa voltado às impressões que a sua indumentária provoca nos outros, importam as impressões que essas escolhas de vestuário acarretam sobre ela própria, representando ou não quem de fato ela é.

Agora que chegamos até aqui e entendemos o que distingue a cognição do vestuário das demais teorias e qual a sua importância, resta ainda saber: mas que importância ela pode ter no meio de um cenário de pandemia?

CAPÍTULO 3

Como ficou a relação com o nosso guarda-roupa nesta quarentena?

Conforme já é do conhecimento de todos, a pandemia da Covid-19 teve início na China no final de 2019 e se espalhou por todo o planeta ao longo de 2020. Até a conclusão das adaptações do artigo para a formatação deste livro, a contaminação pelo novo coronavírus atingiu milhões e milhões de pessoas em todo o mundo, ceifando um número muito expressivo de vidas.

Por todos os países, a maior parte da população aderiu à mudança de hábitos, em conformidade com a orientação dos seus respectivos governos e órgãos de saúde, com o objetivo de reduzir a disseminação da doença. Entre essas orientações, estavam – e ainda estão – o isolamento social, o distanciamento social, as "quarentenas" (individuais e coletivas) e, até mesmo, o chamado *"lockdown"*.

Embora as conceituações de cada um desses termos possam sofrer alguma diferença entre si, dependendo do contexto (da região ou mesmo do veículo jornalístico) no qual cada um é empregado, fato é que, conforme já sabemos, todas essas são medidas preventivas que buscam evitar que o vírus continue se propagando entre as pessoas.

Neste livro, particularmente, a esse conjunto de determinações aplicadas coletivamente pelas autoridades locais – recomendando a permanência das pessoas em suas casas o máximo de tempo possível e, por vezes, restringindo a sua circulação fora dela por meio de medidas mais austeras – chamamos genericamente de "quarentena".

A respeito da quarentena, em particular, observamos que esta foi uma das ações mais popularmente conhecidas nesse período. Quanto à origem desse termo tão usado no ano de 2020, Ujvari (2020, p. 51) explica que,

> [no] final do século (1300), com a permanência de epidemias de peste no continente, nasceria a quarentena. Devido ao retorno da peste bubônica pelas embarcações presentes no Mediterrâneo, Veneza resolveu tomar uma atitude radical. Sua administração urbana decidiu que todas as embarcações permanecessem isoladas na baía por quarenta dias antes que seus ocupantes pudessem desembarcar – era a "quarentena". Por que quarenta? Pela influência religiosa na cidade cristã, pois várias passagens bíblicas foram descritas com duração de quarenta dias ou anos.

Como o excerto já nos lembra, embora as sucessivas prorrogações da quarentena pela qual passamos já nos tenham permitido constatar que ela não mais se configura como um período obrigatoriamente delimitado a 40 dias[7], a verdade é que pandemias e períodos de quarentena não são novidades no mundo. Todavia, havia muitos anos que não experimentávamos uma dessas ocorrências que nos impactassem assim, em escala global. Evento semelhante ocorrera no início do século XX, quando, também originária da China, a gripe espanhola se alastrou por todo o planeta, acometendo o que se estimou em um quinto da sua população e ocasionando 22 milhões de mortes, como constata Ujvari (2020).

Fato é que as lições do enfrentamento dessa e de outras epidemias que ocorreram no século passado não nos prepararam para enfrentar a primeira pandemia do século XXI. Além das graves consequências na saúde mundial, os países – entre os quais, o Brasil – sofreram altos impactos econômicos, culminando com uma acentuada retração econômico-financeira que aumentou o número já elevado de desempregados.

Costa (2020), por exemplo, confirma que a velocidade e a intensidade da retração econômica e da perda de empregos é um fenômeno sem precedentes na história recente.

Entre aqueles que se mantiveram empregados, o advento da pandemia também alterou a dinâmica do trabalho. Por exemplo, muitos dos que atuavam nos setores administrativos das empresas passaram a desempenhar as suas obrigações empregatícias em casa, de forma remota (o *home office*), e a utilizar plataformas virtuais para realizar reuniões e encontros com as equipes das organizações.

---

7   No site do governo do estado de São Paulo, por exemplo, encontramos a matéria que se refere à instauração da quarentena a partir do dia 24 de março de 2020 para os 645 municípios de SP. Inicialmente, a medida previa que, durante 15 dias, o comércio fecharia, à exceção dos serviços essenciais de alimentação, abastecimento, saúde, bancos, limpeza e segurança (PORTAL DO GOVERNO, 2020). Tratava-se, portanto, de uma quarentena estimada em uma quinzena, muito embora os desdobramentos da pandemia – nas cidades, no estado de São Paulo e nos demais estados Brasil afora, assim como no mundo inteiro – tenham demandado a manutenção dessas medidas até os dias atuais.

Com isso, tendo em vista não só a imposição desse novo padrão em decorrência da pandemia, como também a adesão de muitos profissionais a esse formato (com o qual evitam, por exemplo, as horas entre idas e vindas do local de trabalho desperdiçadas no trânsito das grandes cidades) e os benefícios aí identificados pelas próprias empresas (que, por exemplo, acabam economizando no aluguel de espaços físicos e em tudo o que a manutenção deles implica), muito se fala numa nova configuração do trabalho que, mesmo depois de passada a pandemia, tudo indica que se manterá.

Mendes e Castro (2020, p. 59) estão entre aqueles que estimam que "a pandemia do novo coronavírus [...] também mudará para sempre a vida do trabalhador e dos patrões. Cada vez mais flexibilização será a regra do jogo, mesmo depois de a vacina chegar", tendo em vista que as empresas estão se mostrando satisfeitas com o resultado do *home office*. Nessa mesma direção, Rodrigues (2020) observa que essa modificação nos hábitos sociais promoveu uma mudança que aqueles que a acompanham acreditam ser perene, o que implicará novas formas de relacionamento entre as pessoas.

Nessa mudança, o que verificamos desde então é o dia a dia de uma população que, desde março de 2020 – marco do primeiro caso de morte por Covid-19 no Brasil –, não apenas passa muito mais tempo dentro de casa, cumprindo todas as tarefas domésticas, convivendo ou não em família e/ou com amigos, como também trabalha nesse mesmo ambiente.

Até então improvável, essa nova realidade nos leva a realmente considerar a complexidade dessa sobreposição de papéis e desse acúmulo de afazeres condensado num mesmo espaço. Um mesmo espaço que, muitas vezes, não bastasse não ter sido originalmente projetado para comportar o ambiente mais adequado a esse trabalho até o momento realizado do lado de fora, nem sempre apresenta as condições necessárias para que ainda possa vir a ser organizado dessa maneira. Afinal, nem tudo se trata de dispormos de internet e de um computador, não é mesmo?

De acordo com Mohsin (2021, *on-line*), a transição para o modelo *home office* "requer ajustes importantes, sobretudo na forma de comunicação e no gerenciamento de equipes". "Além disso", ela acrescenta, "a própria rotina de trabalho precisa ser ajustada".

Para se ter uma ideia, embora uma pesquisa realizada em 2019[8] (ESTADO DE MINAS, 2020; MOHSIN, 2021) tenha revelado que dispor de um horário de trabalho mais flexível, de estar em casa para passar mais tempo com a família, de otimizar a rotina diária para buscar uma fonte de renda extra e até mesmo de evitar o congestionamento diário figuravam entre as principais motivações pelas quais trabalhar de casa (ou de qualquer outro lugar que não a própria empresa) era "a opção dos sonhos" de muitos profissionais[9], a realidade do trabalho remoto ao longo da quarentena iniciada em 2020 evidenciou as suas contrapartidas.

Em março de 2020, ainda no início dos impactos causados pela pandemia e já com o *home office* ganhando adesão em todas as regiões do país, uma segunda pesquisa – agora pela Robert Half[10] – já destacava que, para 1 em cada 5 profissionais brasileiros, as distrações causadas pela presença da família eram o maior desafio do *home office*. Depois desse início, porém, outros desafios ainda se somariam a ele, tais como a solidão, a dificuldade de se distanciar das redes sociais e a ameaça da procrastinação (MOHSIN, 2021).

---

8   Pesquisa Alelo Hábitos do Trabalho, realizada nas principais regiões do Brasil durante os meses de agosto e setembro de 2019 pelo Instituto Ipsos (ESTADO DE MINAS, 2020).
9   "Opção dos sonhos" para 49% das pessoas empregadas, para 55% dos autônomos e para 55% dos desempregados, num total de 2.333 pessoas entrevistadas – 1.518 com trabalho registrado, 468 desempregadas e 347 autônomas. A pesquisa apresenta margem de erro de 2 pp (ESTADO DE MINAS, 2020).
10   Pesquisa realizada pela Robert Half com 240 profissionais entre 18 e 19 de março de 2020 (BIGARELLI, 2020).

Não obstante os benefícios desse novo costume trabalhista (o que explica, inclusive, a expectativa quanto à sua manutenção mesmo para depois do fim da pandemia), Alfageme (2020), por sua vez, acrescenta aí estresse crônico, isolamento e deterioração física, além de jornadas intermináveis. Segundo uma especialista em Medicina do Trabalho consultada para a matéria, a tensão provocada pela necessidade de manter o nível de rendimento diante de exigências às quais não estamos habituados causa "somatizações, com alterações digestivas, do ciclo do sono e ansiedade por essa má adaptação à nova situação de estresse".

De acordo com o relato de uma funcionária pública de 61 anos reproduzido pela periodista do El País (ALFAGEME, 2020, *on-line*), por exemplo,

> Você trabalha de sol a sol. É mentira que possa administrar melhor o seu tempo. Mistura seu espaço de trabalho com seu espaço privado. Não desliga. Já me deparei com 20 emails às dez da noite. Nos fins de semana também.

Já para uma orientadora de emprego em uma empresa, com 36 anos na ocasião da reportagem e mãe de dois filhos (um de oito, outro de cinco anos), estava sendo uma das piores experiências da sua vida, ao que ela explica:

> Tenho três trabalhos. Tarefas escolares de um lado, teletrabalho de outro, as coisas da casa... já fiz videoconferências de capacitação com pessoas nada interessadas, que não sabiam como fazer, ou não tinham dados no celular, ou davam risada. E meus filhos aparecendo (ALFAGEME, 2020, *on-line*).

Sem dúvida, o aumento da carga de trabalho e a dificuldade em equilibrar as atividades profissionais e pessoais no *home office* alcançaram dimensões nunca antes experimentadas na nossa sociedade. Um levantamento realizado pelo Centro de Inovação da Escola de Administração de Empresas de São Paulo (FGV-EAESP) durante a pandemia mostrou que, de 464 entrevistados, mais da metade (56%) encontrou muita dificuldade ou dificuldade moderada para chegar a esse equilíbrio. Ainda conforme a pesquisa, 34% dos entrevistados consideraram difícil ou muito difícil manter a motivação, sendo que, para 36%, foi difícil ou muito difícil continuar com a mesma produtividade (ALFAGEME, 2020).

Diante desses números, acreditamos que seja o caso de refletirmos: e quanto a nós? O que esses índices também revelam a nosso próprio respeito nesse período? Em qual dessas estatísticas nos reconhecemos? Além disso, a contar pelos depoimentos extraídos e, sobretudo, pelas próprias particularidades do nosso cenário social e cultural, como essa sobrecarga, esse desequilíbrio, essa falta de motivação e essa queda na produtividade foram sentidos ainda mais acentuadamente pelas mulheres?

No recorte que nos propusemos a fazer neste livro, voltamos à questão inicial: mesmo ainda em meio à pandemia e tomados pela dificuldade deste momento, como a maneira de nos vestir pode nos ajudar a obter mais bem-estar e, até mesmo, mais produtividade nas nossas tarefas? Neste capítulo, no entanto, é preciso que entendamos melhor o seguinte: como ficou, afinal, o nosso modo de nos vestir nesse novo contexto?

Bem, embora o *home office* já existisse muito antes do surgimento da pandemia, não há dúvida de que esse formato de trabalho ganhou outra amplitude a partir da Covid-19, impactando, em meio a essa organização da nova rotina, a forma como os profissionais passaram a se vestir para trabalhar no ambiente de casa, diferentemente de como o faziam antes para se deslocar até os seus locais de trabalho.

Ilustrando essas inesperadas alterações na nossa forma de nos vestir, tivemos a oportunidade de conversar com três profissionais de áreas distintas, que nos permitiram a veiculação dos seus depoimentos e das suas imagens, todos eles coletados no decorrer do segundo semestre de 2020 (mesma época em que as fotos também foram registradas): um executivo, uma empresária e uma bancária.

Sobre o executivo cuja imagem está reproduzida na FIGURA 1, contamos com a gentil participação de Manoel Machado, um renomado presidente de empresas multinacionais e nacionais. Em meio à quarentena prolongada, ele participou de uma reunião de trabalho por meio de uma plataforma virtual e manteve a vestimenta formal apenas na parte superior do corpo, complementando-a com trajes esportivos na parte inferior.

Questionado sobre essa alteração no seu modo de "se vestir para o trabalho", Manoel pontuou:

> "Até gostei desta mudança, as pessoas se atêm muitas vezes ao valor das aparências, enquanto o que realmente importa é o resultado que se entrega."

Sobre a empresária cuja imagem está reproduzida na FIGURA 2, contamos com a gentil participação de Ana Cláudia Utumi, uma advogada tributarista. Com a agenda sempre cheia, incluindo reuniões com clientes tanto do Brasil quanto do exterior, a profissional sempre buscou manter as suas vestimentas sóbrias e elegantes. Com a migração dessas reuniões para o formato *on-line* no seu *home office* desde o início da pandemia, ela manteve a elegância na parte do corpo exposta diante da câmera e, na parte não exposta, passou a optar por peças mais descontraídas e confortáveis.

A esse respeito, Ana Cláudia explicou:

> *"Na área jurídica, a vestimenta conta muito. Ontem, por exemplo, participei de um evento* on-line *em que os participantes estavam mais formalmente vestidos... Então, durante a semana, a vestimenta é muito importante."*

Por fim, sobre a bancária cuja imagem está reproduzida na FIGURA 3, contamos com a gentil participação de Marcella Rabello Lambaz Zocharato, advogada que atua num banco de varejo e que, antes da pandemia, trabalhava no escritório da empresa presencial e diariamente. Depois, ela passou a realizar todas as suas atividades por meio do *home office*, enquanto convive com os dois filhos pequenos, que também estavam em casa.

Quanto à alteração na sua rotina, Marcella declarou:

> *"Não me arrumo mais, trabalho apenas de roupão, moletom ou até de pijamas. Quando tenho uma reunião ou audiência, apenas coloco uma blusa e utilizo maquiagem. Não tenho vontade de me arrumar para o* home office *em tempos de pandemia."*

Como vimos até aqui por meio das pesquisas envolvendo essa adaptação "compulsória" ao *home office*, na ausência de reuniões e/ou audiências nas quais esteja implicada a necessidade de interagir por meio da câmera – seja a dos computadores, seja a dos telefones –, Marcella não está sozinha no que diz respeito ao desestímulo para seguir se arrumando (se trajando) tal como fazia antes de restringir as suas atividades profissionais ao ninho doméstico.

FIGURA 1:
Traje do Manoel Machado para reunião virtual durante a quarentena.
Foto gentilmente cedida por Manoel Machado (2020).

FIGURA 2:
Traje da Ana Cláudia Utumi para uma apresentação durante a quarentena.
Foto gentilmente cedida por Ana Cláudia Utumi (2020).

FIGURA 3:
Traje da Marcella Zocharato em *home office* durante a quarentena.
Foto gentilmente cedida por Marcella Zocharato (2020).

Nesse sentido – e não por acaso –, entre as muitas matérias que circularam informações que orientavam para essa mesma necessidade de autocuidado – e, por extensão, de não comprometimento da própria produtividade nesse período de recolhimento social –, dispusemos das orientações reproduzidas no quadro a seguir, oriundas da Belas Artes[11]. Trata-se de 11 recomendações para o trabalho em *home office*, entre as quais destacamos a primeira:

11 DICAS PARA O *HOME OFFICE*	
1	**Vista-se para o trabalho ou para seu estudo [...]. O que não pode é ficar de pijama o dia inteiro.**
2	Evite distrações. Desligue a TV ou feche a porta [...]. Se você mora com mais pessoas, avise que está indisponível durante o expediente.
3	Aliás, nada de trabalhar ou estudar na cama. Nem no sofá da sala. Escolha um local para fazer de escritório [...].
4	Não misture tarefas profissionais e estudo com tarefas domésticas [...].
5	Mantenha a ergonomia [...], é importante ter um assento acolchoado [...].
6	Faça pausas [...].
7	Siga o cronograma [...].
8	Finalize o expediente [...].
9	Programe-se. Use alarmes e recursos tecnológicos [...].
10	Trabalhar ou estudar de casa pode parecer estranho no início, mas há vantagens [...]. Você poupa o tempo de trânsito [...].
11	Importante fazer exercícios e alongamento para manter a saúde do corpo [...].

Fonte: Adaptado do boletim de Covid-19 do Centro Universitário Belas Artes (2020).

---

11 Tal como já assinalado na introdução, instituição onde foi realizada a pós-graduação em Consultoria de Imagem e Estilo na qual desenvolvemos o artigo que deu origem a este livro.

Conforme destacamos, chamou nossa atenção que, das 11 "dicas", a primeira seja justamente aquela que estabelece a necessidade de "se vestir para o trabalho ou para o estudo" e que ao final sobressevera: "O que não pode é ficar de pijama o dia inteiro".

Mas, afinal, por que "não pode ficar de pijama o dia inteiro"?

Embora a justificativa quanto a essa proibição não tenha sido contemplada na circular informativa do referido centro universitário – até porque se tratava apenas de um tópico entre outras orientações, e não de um tema a ser mais profundamente desenvolvido –, acreditamos que, a contar pelo próprio contexto que viabilizou o texto em questão, a relação entre o uso do pijama durante todo o dia e o prejuízo (em algum nível) quanto ao aproveitamento dos estudos e/ou ao rendimento no trabalho já esteja subentendida.

De todo modo, importa salientar que, neste livro, com base tanto no estudo de Adam e Galinsky (2012) quanto na vivência e nos demais depoimentos que reunimos nos dois capítulos a seguir, ficar em casa sem pijama não deve ser entendido como uma "imposição", mas como uma recomendação. Afinal, embora essa não seja uma percepção ou uma auto-observação validada pela experiência de uma das autoras e por mais da metade das mulheres que entrevistamos, existem pessoas que, mesmo vestindo pijamas durante o *home office*, se sentem produtivas.

Assim, uma vez que não podemos perder de vista as nossas especificidades como indivíduos – razão pela qual, inclusive, não apoiamos a adesão a um guarda-roupa pré-formatado, cujas combinações são pensadas sem considerar o que vai dentro de cada um de nós –, não seria razoável que, aqui, estabelecêssemos como regra que toda e qualquer pessoa trabalhando em casa de pijama apresentaria, obrigatoriamente, algum prejuízo em relação ao seu rendimento.

A esse respeito, inclusive, em dezembro de 2020, Chapman e Thamrin (2020) publicaram um estudo envolvendo funcionários (cientistas e não cientistas) e alunos em cinco institutos de pesquisa médica em Sydney, na Austrália, no qual pretenderam avaliar os fatores (em particular, o uso de pijamas) que influenciariam na produtividade de cada um, bem como na saúde mental da equipe do instituto médico que agora se encontrava trabalhando em casa, entre 30 de abril e 18 de maio do mesmo ano.

As proporções de não cientistas e de cientistas que usaram pijama durante o dia foram semelhantes, e os resultados demonstraram que, no caso desses participantes, o uso do pijama não foi associado a diferenças na percepção dos participantes quanto à sua produtividade, mas foi significativamente associado a relatos mais frequentes de piora na saúde mental entre aqueles que trabalhavam em casa de pijama do que entre aqueles que não vestiam pijama para esse *home office* (CHAPMAN; THAMRIN, 2020):

> [...] O estudo [...] descobriu que o uso de pijamas confortáveis foi associado a relatos mais frequentes de problemas de saúde mental: 59% dos participantes que usavam pijama durante o dia, pelo menos um dia por semana, admitiram que o estado da sua saúde mental diminuiu enquanto trabalhavam em casa, quando comparados a 26% que tiveram a mesma experiência, mas não usavam pijama durante o trabalho em casa (BANSAL, 2020, *on-line*, tradução livre).

Em suma, embora o uso de pijama para a atividade de trabalho não tenha sido diretamente relacionado à queda de produtividade nessa pesquisa, fato é que, em questão de tempo, o próprio comprometimento da saúde mental acaba por desencadeá-la – o que pode configurar um quadro ainda mais grave e cuja resolução se torne ainda mais complexa!

Não à toa, aliás, é que os próprios pesquisadores assinalam nesse mesmo estudo: "O simples conselho de trocar de roupa antes de começar a trabalhar pela manhã pode proteger parcialmente contra os efeitos das restrições da Covid-19 na saúde mental" (CHAPMAN; THAMRIN, 2020 citados por BANSAL, 2020, *on-line*, tradução livre).

Além disso, conforme Bansal (2020), é preciso levarmos em conta que, por estarem situadas na cultura de trabalho australiana, as experiências de todos os 163 entrevistados podem não ser verdadeiras, isto é, aplicáveis para aqueles que trabalham em países com uma cultura de trabalho muito diferente, mais tradicional – como é o caso do Brasil.

Assim é que, para aquelas pessoas que, como a grande maioria de nós e daquelas com quem tivemos contato para a produção do artigo original, já tiveram oportunidade de perceber e/ou até mesmo de constatar que o hábito de permanecer de pijama o dia todo nessa quarentena provoca algum comprometimento na sua produtividade, uma boa recomendação é, sim, nos prepararmos para começar as atividades do nosso dia.

Nesse sentido, a sequência café > banho > troca de roupa (ou banho > troca de roupa > café, para quem preferir) ajuda a irmos "nos conectando" aos afazeres que nos aguardam. Da mesma forma, o contrário também é verdadeiro: depois desse "período de produção", o banho e a troca de roupa (como o pijama, nesse momento) também são recomendados para que possamos "ir nos desconectando" dessa etapa mais agitada do nosso dia, tenha sido ela dedicada exclusivamente ao *home office*, aos estudos, às tarefas domésticas ou, ainda, a tudo isso ao mesmo tempo.

Sem dúvida, a questão é que se tornou da maior importância compreendermos de que maneira essa alteração no nosso modo de nos vestir pode incidir tanto sobre o nosso desempenho profissional quanto sobre as nossas relações sociais nesse momento. Para Bronzo (2020), sob diferentes aspectos, econômicos ou sociais, esse período iniciado com a ocorrência da pandemia se constitui numa mudança do paradigma civilizatório da população.

Contudo, fato é que ainda é muito cedo para avaliarmos, em definitivo, os efeitos dessa mudança a médio e longo prazos. Por exemplo: daqui a mais algum tempo, teremos condições de avaliar como os bastidores da nossa preparação para o *home office* (incluindo o modo como nos vestimos para realizá-lo) influenciaram nas performances individuais e/ou mesmo nos resultados obtidos profissionalmente no decorrer dessa longa quarentena?

Comparativamente, por meio de um experimento criterioso situado aqui no Brasil, e com uma amostra bem mais expressiva, encontraríamos diferenças substanciais entre aqueles que se vestiram "para ficar em casa" durante a execução do trabalho e aqueles que efetivamente se vestiram para executá-lo, mesmo estando em casa?

A forma como teriam se trajado – informalmente *vs.* formalmente – teria sido determinante ou estaria, por exemplo, entre os fatores decisivos para que dois profissionais com a mesma atuação, orientados pelas prescrições de uma mesma empresa, tomassem decisões completamente distintas entre si ante o mesmo problema, no mesmo dia, cada qual situado no seu espaço doméstico?

E no que diz respeito às mulheres, em particular: a atenção quanto ao seu modo de se vestir, adequando-o ao contexto da atividade a ser desempenhada (atividade doméstica *vs.* compromisso do *home office*), poderia contribuir para recuperar e/ou potencializar a sua motivação nesse momento? Em meio a tanta sobrecarga, poderia, quem sabe, favorecer a sua própria organização, inspirando-lhe uma melhor apreciação de si mesma e até mesmo o aumento da sua produtividade?

Se, por exemplo, a Marcella, a nossa última entrevistada neste capítulo, passasse a "se arrumar mais", a "não trabalhar apenas de roupão, moletom ou até de pijamas", voltando a sentir vontade de "se arrumar para o *home office* em tempos de pandemia", quais resultados poderiam ser mensurados não somente no que diz respeito à sua atuação profissional, como também no que se refere ao conjunto dos seus demais afazeres e às suas percepções de si mesma?

Bem, embora não tenhamos como já fornecer todas essas respostas (que demandam outros estudos e o próprio avançar deste tempo), acreditamos que as bases para a teoria da cognição do vestuário e os conteúdos que virão a seguir já nos permitem compreender como podemos nos apropriar dela como um recurso, como um caminho possível para atravessar os muitos desafios desta fase. Desafios que, como sabemos, concomitantemente ao *home office* e à nossa produtividade, envolvem também a nossa autoimagem, a nossa autoconfiança e o nosso bem-estar em geral.

E, para tratar disso, o que poderia ser mais oportuno do que, no próximo capítulo, compartilhar a experiência de quem, mais do que para as devidas horas de sono, também passou dias inteiros de pijama, sentindo os efeitos da (falta de) "atitude" que a manutenção desse traje acarretava nos seus modos de sentir e de agir? E como, afinal, a vivência da Quarentena sem Pijama (QSP) impactaria decisivamente a modificação desse cenário – por dentro e por fora?

CAPÍTULO 4

Quarentena sem Pijama (QSP): a cognição do vestuário no meu dia a dia

Na introdução deste livro, cheguei a mencionar a minha formação e atuação no teatro, pelo qual sempre fui apaixonada. A princípio, fiz um curso de extensão; depois, um curso pré-profissionalizante e, então, um curso profissionalizante, durante e após o qual atuei em algumas peças, até engravidar do meu primeiro filho.

    Tomada pelos cuidados que essa minha gestação demandava, acabei suspendendo as atividades teatrais, mas permaneci uma grande apaixonada por essa arte, pela literatura teatral e por todos os bastidores que a envolvem.

    Por exemplo, na peça *A mancha roxa*, de Plínio Marcos e direção de Alexandra da Matta, eu e outras atrizes do Grupo Disritmia Cênica representávamos presidiárias, conforme o registro na FIGURA 4, em que estou com a touca, no canto à direita. Muitos dos espectadores que assistiam a essa apresentação relatavam que parecíamos "tomadas" pela energia das presidiárias e, em boa medida, era assim que eu também me sentia enquanto encenava.

De fato, ao vestir o uniforme de detentas, sentíamo-nos envolvidas por um sentimento de raiva, por uma angústia diferente das emoções que nos eram habituais e que, portanto, acabavam interferindo na forma como representávamos essas personagens.

Até então, porém, eu ainda não conhecia a teoria da cognição do vestuário, tampouco sabia dos experimentos envolvendo os jalecos médicos usados pelos estudantes e como a escolha da nossa indumentária poderia nos inspirar atitudes.

FIGURA 4: Atuação em *A mancha roxa*.
Foto: João Valério (2008).

Outro exemplo envolveu o meu filho de 11 anos de idade[12], João Abade, que cursou o quinto ano do ensino fundamental em 2020. Com

---

12 Idade no ano de 2020, até a data em que se deu a experiência que relato.

as aulas escolares ministradas no formato *on-line* em meio à primeira onda da pandemia, cheguei a registrar um comportamento dele que chamou minha atenção e que está aqui reproduzido na FIGURA 5. Numa de suas provas, João se sentira nervoso enquanto a realizava; por isso, no dia seguinte, quando faria a próxima prova, ele se trajou com uma capa de rei para cumprir essa atividade. Quando lhe perguntei o porquê de estar vestido daquela maneira, ele me respondeu: "*Pra me sentir mais autoconfiante, mamãe*".

FIGURA 5:
João Abade vestido com a capa de rei enquanto realizava uma prova.
Foto: Arquivo pessoal (2020).

Na ocasião em que tal fato se deu, confesso que a iniciativa me tocou. No entanto, observando o meu filho encontrar os seus próprios recursos para se sentir mais fortalecido diante do que lhe parecia um desafio, tinha sido tocada na minha sensibilidade materna, e não na minha memória intelectual. Com isso, quero dizer que, até esse momento, ainda não despertara, no sentido prático, para aquilo que logo eu mesma experimentaria e que logo também aperfeiçoaria, de modo ainda mais significativo, a minha própria atuação como consultora de imagem e estilo: esse olhar para a influência das roupas sobre as nossas emoções e os nossos comportamentos.

Nesse ano de 2020, com o surgimento da Covid-19 no Brasil, assim como sucedeu a uma enorme parte da população, a minha rotina de atividades também foi alterada – a começar pela rotina de estudos dos meus dois filhos em casa, tal como pôde ser verificado nesse último exemplo envolvendo o João.

Antes do advento do novo coronavírus em solo brasileiro, entre outros compromissos diários, eu atuava profissionalmente como consultora de imagem e estilo, desempenhava as minhas atividades acadêmicas, bem como acompanhava os meninos nas suas atividades escolares e esportivas, sendo que eu mesma praticava os meus exercícios físicos no clube.

Depois dele e das orientações governamentais em conformidade com os órgãos de saúde, resultando no início da quarentena, permaneci a maior parte do tempo dentro de casa, alternando entre a minha residência na capital paulista, a residência que tenho na cidade de Monte Verde e a casa da minha irmã em Montes Claros – estes dois últimos, municípios de Minas Gerais, a aproximadamente 160 km e 985 km da cidade de São Paulo, respectivamente.

Mais da metade dos meus compromissos diários, antes presenciais, foi interrompida ou passou a ser feita a distância. Com os meus familiares aconteceu o mesmo, de modo que todos nos mantivemos muito mais no ninho doméstico do que fazendo qualquer outra coisa fora dele, num padrão que adotamos da forma mais rigorosa possível. Mesmo o nosso deslocamento de uma a outra residência era sempre realizado com o máximo critério, cuidando para que o contato com o ambiente externo fosse quase sempre aquele proporcionado apenas durante a nossa permanência no interior do veículo.

Ainda nesse período de recolhimento ao lar na quase totalidade do tempo, todo o cuidado seguido o máximo possível à risca também se explicava pela especial atenção a uma das minhas irmãs, diagnosticada, pouco antes do início da pandemia, com um câncer já em estágio quatro, tal como adiantei na introdução deste livro.

Como a Soraya reside em Montes Claros e já tínhamos por costume visitá-la a fim de acompanhar o seu tratamento (motivo pelo qual registrei que essa também foi uma das residências nas quais me estabeleci principalmente ao longo dos primeiros meses de pandemia), todos concordamos em adotar com o máximo de rigor as medidas de isolamento social para não colocá-la em risco, já que pessoas em tratamento de doenças graves são mais suscetíveis a complicações decorrentes da Covid-19.

No final de 2019, quando sequer podíamos prever o surgimento desse contágio desenfreado da Covid-19 se espalhando por todo o planeta, o próprio diagnóstico de câncer no ovário recebido pela Soraya já tinha me causado um impacto inimaginável – impacto que, claro, não foi sentido apenas por mim. E o próprio fato de o diagnóstico já revelá-lo tão avançado demandava ainda mais da nossa capacidade de entendimento e de superação, exigindo ainda mais das forças – e da fé – da minha irmã.

Embora se trate do terceiro tipo mais comum entre as mulheres (depois do câncer de mama e do câncer de colo do útero), o câncer de ovário é o mais letal e silencioso de todos os tumores ginecológicos (EQUIPE ONCOGUIA, 2020). Para termos uma ideia, 75% desses diagnósticos chegam tardiamente (INSTITUTO VENCER O CÂNCER, 2015). Isso porque, além de não dispormos de um exame preventivo, os sintomas só aparecem quando a doença já está devidamente instalada, sendo que eles ainda podem ser confundidos com os de outras enfermidades[13]. Mas, até que sejamos confrontados com essa informação porque esse tipo de tumor já se

---

13 Entre os sintomas mais comuns, estão os seguintes: dor ou inchaço no abdômen; sensação de inchaço constante; dor abdominal ou na pelve; compressão do estômago após comer; perda do apetite; problemas gastrointestinais como gases, inchaço, constipação ou diarreia; urgência para urinar ou mudança nos hábitos urinários (EQUIPE ONCOGUIA, 2020).

manifestou em alguém que nos seja próximo, muitos de nós não fazemos qualquer ideia de que isso ocorra dessa maneira – nem mesmo a maioria das mulheres.

Dada a preocupação com o estado de saúde da Soraya, e mesmo diante da compreensão dos motivos pelos quais todas as medidas de isolamento social se faziam absolutamente necessárias, o novo cenário acabou gerando ainda mais tristeza e desânimo.

No meu caso, particularmente, mesmo sendo uma profissional da área de imagem, passei a me vestir com menos atenção, com menos esmero. Só aos poucos fui me dando conta de que, a cada dia que essa minha desatenção em relação à minha própria aparência se repetia, a tristeza e o desânimo aumentavam. E foi nesse momento que dois eventos mudaram a minha forma de lidar com o que estava ocorrendo.

Conforme já adiantei no início deste livro, ao acompanhar de perto todos esses meses de tratamento a que a minha irmã precisava se submeter no combate ao câncer, muitas vezes me peguei sem entender como era que, mesmo diante do enfrentamento de uma doença tão grave, Soraya seguia se arrumando com tanto apreço.

Admito que, em certos momentos, eu não só estranhava aquele seu comportamento, como ainda o achava uma "vaidade fútil": ora, em meio a algo tão sério, ela não percebia o quanto aquela "preocupação" com a sua própria imagem (a atenção aos cabelos, o uso da maquiagem – e, em especial, do batom vermelho –, a escolha mais zelosa por uma ou por outra roupa) era algo "superficial"? Como isso mudava o fato de ela estar doente? E não era com isso que ela deveria realmente se ocupar?

Numa de nossas conversas, cheguei a comentar com a Soraya essa minha falta de compreensão: *"Não sei como você consegue estar sempre assim..."*, eu lhe disse. Ao que ela, então, me explicou:

> "Imagine se, nesta situação, eu não me arrumasse, se eu não me encontrasse aqui nesse lugar... Como eu ia ficar? Como ia me sentir?... Que estou entregando os pontos? Porque seria como se eu realmente tivesse entregado o jogo, como se eu tivesse desistido. Então, todos os dias eu busco me preparar para o dia me vestindo tão bem ou até melhor do que fazia antes de ter sido diagnosticada com essa doença."

Eu imaginei como seria se a postura dela fosse outra, o que poderia resultar disso, e esse foi o primeiro evento que me impactou fortemente. Inclusive pelo fato de que, como profissional dedicada a orientar outras pessoas sobre como construírem a sua imagem e encontrarem o estilo mais adequado às suas características, eu mesma não estava seguindo os fundamentos dessa profissão no que dizia respeito a mim nesse período de isolamento social.

Em contrapartida, a minha irmã, mesmo adoecida, encarava a situação de uma outra maneira, reconhecendo que se vestir da melhor forma possível também era uma contribuição nessa árdua luta pela recuperação da sua saúde. Intuitivamente, portanto, ela não apenas já sabia, como ainda colocava em prática (inclusive quando estava tão cuidadosamente arrumada no hospital) o resultado da pesquisa mencionada no final do capítulo anterior. De acordo com Chapman e Thamrin (2020 citados por BANSAL, 2020), a partir da sua observação envolvendo pacientes hospitalares, encorajar esses pacientes a usarem roupas normais durante o dia (e não aventais ou pijamas) pode reduzir a gravidade da depressão que eles experimentam nesse ambiente.

O primeiro evento acabou desencadeando o segundo: o entendimento proporcionado pela atitude da minha irmã despertou em mim a memória de um conhecimento que eu já adquirira por iniciativa própria – ao menos, intelectualmente – na mesma época em que já ingressara na pós.

Ocorre que, como um reflexo dessa minha alma de garimpeira, eu já tinha lido acerca do *enclothed cognition*, isto é, já havia entrado em contato com a teoria da cognição do vestuário antes mesmo de retomá-la mais tarde, em 2020, para a elaboração do artigo acadêmico. Portanto, eu sabia que, segundo Adam e Galinsky (2012), as roupas que vestimos têm o poder de influenciar a nossa autoimagem e as nossas atitudes! E, uma vez ativada essa memória, pude estabelecer a relação entre o meu quadro emocional e a minha indiferença com o meu vestuário: uma coisa me levava a relegar a outra.

Melhor explicando: cheguei à conclusão de que, ainda que sob a justificativa de que o próprio isolamento social favorecia essa condição (afinal, eu não precisava mais me apresentar apropriadamente para ir a um evento ou uma reunião, porque esses meus compromissos tinham sido suspensos até então), o fato de me trajar com menos cuidado também influenciava negativamente o meu aspecto emocional.

Assim, cada vez mais abalada psicológica e emocionalmente, eu também me vestia cada vez pior, imergindo num círculo vicioso em que a cognição do vestuário agia para baixar a minha autoestima. Isso, por sua vez, também contribuía para a redução da minha produtividade em casa, no trabalho e nas demais atividades assumidas, prejudicando até mesmo o apoio à minha irmã durante o tratamento.

Ao refletir a esse respeito, consegui ampliar um tanto mais a questão: considerei ainda que, tanto na minha esfera pessoal quanto na condição de consultora de imagem e estilo que eu já vinha desempenhando, muitas vezes eu me concentrava na construção de um vestuário que contribuísse para criar uma determinada impressão sobre as outras pessoas, desconsiderando o impacto dele na minha própria percepção e na percepção daqueles a quem eu atendia.

Agora, já consciente disso, ponderei o quanto essa abordagem acabava empobrecendo o próprio trabalho – ou, se não o empobrecendo, limitando-o no seu real potencial de extrapolar o nível do aparente, "da superfície", e de ganhar muito mais profundidade, conectando cada indivíduo às suas próprias características e, assim, permitindo-lhe expressar a sua própria personalidade.

A partir desses eventos, a minha visão acerca da minha própria ocupação se tornou muito mais abrangente. Daí, inclusive, o meu amadurecimento de consultora de imagem e estilo para estrategista em cognição de vestuário e imagem. Afinal, eu finalmente sabia – e sei – que o vestuário pode, comprovadamente, impactar os nossos pensamentos, as percepções que temos a nosso próprio respeito e o nosso desempenho nas mais diferentes tarefas.

Ainda no primeiro semestre de 2020, eu me desafiei a adquirir o hábito de me vestir da melhor forma que pudesse todos os dias, independentemente de ter algum compromisso externo. Antes, esses compromissos eram os principais motivadores para que eu acordasse, tomasse o meu banho e escolhesse uma roupa compatível com as atividades diárias. Por isso, no início, manter essa predisposição foi bastante difícil, visto que o hábito de me vestir bem estava sempre vinculado àquelas atividades, que, em situação de isolamento social, não se davam nem com a intensidade e a frequência anteriores nem nos mesmos espaços onde eu costumava realizá-las.

De todo modo, com o passar dos dias, esse novo hábito começaria a contribuir para que eu me sentisse com mais energia e com mais atitude para lidar com os meus desafios diários. Inspirada pela minha irmã e orientada pela teoria – já que, em 2020, eu acabaria retornando à Belas Artes com vistas à elaboração do artigo –, propus-me a não mais vestir pijamas (ou outras roupas mais descuidadas) durante o dia. E, para que esse desafio de implementar de forma disciplinada uma rotina de vestimenta e de autocuidado diário tivesse um engajamento integral, criei a iniciativa à qual dei o nome "Quarentena sem Pijama" – a QSP.

Na QSP, após me arrumar e me vestir de uma maneira que me satisfizesse, eu me fotografava com o *look*, isto é, com o visual daquele dia, a começar em 18 de abril. A foto era compartilhada no Instagram, no meu perfil pessoal (@sintyamotta), e o texto seguia uma estrutura que foi mantida durante os 40 dias da QSP. Após o título ("Quarentena sem Pijama Dia X"), o texto na legenda consistia numa reflexão, que poderia ser tanto uma sugestão relacionada com a consultoria de imagem e estilo quanto um comentário sobre o momento ímpar que todos estávamos vivendo, numa alusão a como essa atenção com o modo de se vestir poderia influenciar o dia de cada um.

Para enriquecer o texto, os conteúdos também continham considerações a respeito da situação complexa que eu mesma estava vivendo, abordada da forma mais sincera e real possível.

As FIGURAS 6 a 14 a seguir reproduzem alguns dos *posts* que compartilhei na QSP, nos quais a cada fotografia correspondeu um determinado texto como legenda[14]:

---

14 As imagens das postagens foram extraídas da plataforma do Instagram para computador, cujo formato implica uma limitação de leitura de algumas legendas, que, por isso, não estão exibidas na íntegra. Esta seleção de postagens, aqui a título de ilustração do formato adotado ao longo da #40TENASEMPIJAMA, tal como todas as demais publicações e as suas respectivas legendas podem ser verificadas no meu perfil, @sintyamotta, assim como a partir de um *QR Code*, que será apresentado logo mais neste capítulo.

FIGURA 6: Quarentena sem Pijama Dia 7.
Fonte: Desenvolvida pela autora (2020).

FIGURA 7: Quarentena sem Pijama Dia 11.
Fonte: Desenvolvida pela autora (2020).

FIGURA 8: Quarentena sem Pijama Dia 17.
Fonte: Desenvolvida pela autora (2020).

FIGURA 9: Quarentena sem Pijama Dia 19.
Fonte: Desenvolvida pela autora (2020).

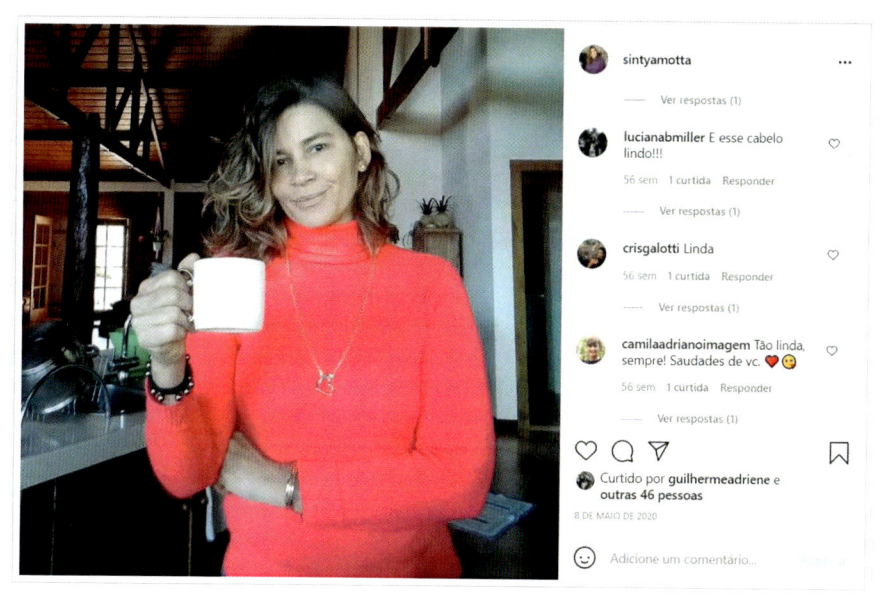

FIGURA 10: Quarentena sem Pijama Dia 21.
Fonte: Desenvolvida pela autora (2020).

FIGURA 11: Quarentena sem Pijama Dia 29.
Fonte: Desenvolvida pela autora (2020).

FIGURA 12: Quarentena sem Pijama Dia 32.
Fonte: Desenvolvida pela autora (2020).

FIGURA 13: Quarentena sem Pijama Dia 36.
Fonte: Desenvolvida pela autora (2020).

FIGURA 14: Quarentena sem Pijama Dia 39.
Fonte: Desenvolvida pela autora (2020).

Já os *posts* de todos os dias da QSP podem ser conferidos diretamente no meu Instagram por meio do *QR Code* ao lado. Para acessá-los, basta mirar a câmera do seu celular nesse código de barras, que o encaminhamento será feito automaticamente para o meu perfil, no qual todas as postagens estão reunidas na aba "GUIAS".

No princípio, mesmo que tivesse assumido esse compromisso, a verdade é que eu não conseguia me arrumar para tirar as fotos de uma maneira mais natural e espontânea. Para mim, isso era algo que demandava esforço e comprometimento, haja vista que esse ritual ainda não estava incorporado no meu cotidiano.

Nesse momento, outra contribuição muito singular e também muito decisiva para que eu levasse essa proposta adiante foi a da minha amiga Suellen Sartorato (@suesartorato), que conheci em 2018, logo que ingressei na pós-graduação. Mais do que uma profissional da maior competência, cuja atuação consiste em ensinar mulheres a alavancarem as suas vidas e os seus negócios por meio da sua imagem, eu encontrei na Suellen uma grande incentivadora para as minhas postagens diárias, que muitas vezes pensei em deixar que passassem, quando me sentia mais abatida.

No decorrer das semanas, no entanto, com esse apoio e com a manutenção do meu propósito diário, passei a me sentir mais disposta e motivada para me fotografar e compartilhar a foto da QSP, suscitando um ânimo que acabava perdurando ao longo de todo o meu dia. E foi aí que me dei conta de que o ato de me vestir de uma forma que me satisfizesse contribuía para melhorar não apenas a minha autoimagem, mas também a minha autoestima. Essa nova disposição fazia com que, dia após dia, eu buscasse me alinhar mais comigo mesma, construindo um estilo que fosse mesmo compatível com a minha essência e com a minha produtividade.

No meu perfil do Instagram, observei que, comparativamente às anteriores, essas publicações começaram a alcançar mais pessoas, obtendo um impacto maior que o de costume – e organicamente. Ao longo da QSP, contabilizei mais de três mil interações entre "curtidas", comentários e mensagens diretas, que são as formas de engajamento dessa rede social. Entre essas interações, 2.311 (70%) foram "curtidas", 899 (27%) foram comentários e 88 (3%) foram mensagens diretas.

Simultaneamente a esse engajamento virtual, também obtive devolutivas espontâneas por parte dos meus familiares e vizinhos. No que diz respeito à minha família, todos passaram a se acostumar com a minha nova rotina, na qual o momento de "me preparar" para o dia se tornou um hábito. No que se refere aos vizinhos, uma das minhas vizinhas, numa conversa casual, manifestou o seu estranhamento – e a sua surpresa! – com esse meu novo modo de me vestir, sobretudo nesse período:

> *"Aonde você vai hoje? Vai sair para algum lugar ou já voltou? Está muito bem-vestida, parabéns!"*

Aqueles com quem eu convivia mais frequentemente logo também se sentiram mais motivados com a QSP. Refletindo sobre como eles próprios estavam lidando com a questão de se vestir – fosse para o *home office*, fosse para estudar ou para realizar qualquer outra atividade –, todos passaram a considerar a necessidade de tirar o pijama quando se tratava de cumprir com as suas tarefas diárias.

No geral, cada um foi depreendendo, por meio da própria prática, que adotar um vestuário mais aprumado poderia contribuir positivamente com o seu estado de ânimo, com a sua autoestima e com a manutenção da sua produtividade durante o enfrentamento do isolamento social. Numa das minhas publicações durante a QSP – aquela referente ao 17º dia, conforme ilustrado na FIGURA 8 –, um familiar comentou a esse respeito[15]:

---

15 Em todos os comentários reproduzidos neste capítulo, bem como em todos os depoimentos que serão encontrados no capítulo a seguir, foram preservadas as redações originais de cada conteúdo, tal como elas foram publicadas e/ou recebidas.

> *"Isso mesmo, Sintya. Eu tentei também e mais fracassei do que consegui. Admiro e me inspiro nesse esforço."*

A propósito desse parecer, observei que, de modo geral, os comentários registrados em cada nova publicação eram sempre motivadores: via de regra, os seguidores do meu perfil me parabenizavam pela minha mudança e pelos *looks* que eu estava elaborando/vestindo (mesmo sendo um período de isolamento social), além de me incentivar a seguir em frente com a minha iniciativa. Muitos, ainda, revelavam o seu apreço pelo vestuário do dia, quando a algum deles, em especial, o *look* causava uma impressão ainda mais positiva.

Foram várias as interações dessa natureza, cinco das quais estão retratadas a seguir.

> *"Amei! Estou adorando acompanhar seu exercício. Parabéns pela disciplina nesses dias tão intensos e incertos."*

> *"Sua história e a maneira como tem se colocado inspiram demais. Parabéns pelo seu posicionamento diante da vida. Um abraço apertado."*

> *"Estava aguardando o seu look nesta bela tarde de outono. Só para confirmar, show o visual!"*

> *"Amei seus textos! Eles refletem exatamente o que penso. Precisamos nos arrumar para nós mesmos. Quando nos arrumamos, nosso astral muda completamente. É um posicionamento perante o dia que vem pela frente. Parabéns, amiga!"*

> *"E quem ganhou fomos nós. Sua atitude inspira e contagia, esse é o lado positivo das redes. É por isso que evito ao máximo seguir celebridades. As pessoas que um dia passaram em minha vida são tão interessantes e reais. Viva, viva, foi tão bacana a troca. Você daí e a gente daqui."*

Com o passar do tempo, além do reconhecimento dessa iniciativa, aqueles que comentavam com incentivos e elogios começaram a relatar que, inspirados pela QSP, também deixaram de se vestir com pijamas ou com roupas descuidadas durante o isolamento social, buscando se vestir melhor para lidar com as suas atividades no trabalho – ou no estudo –, mesmo que remotamente e também nas suas casas. Como escreveu uma colega num dos comentários:

> *"Na verdade, temos que nos vestir para nós mesmas, né? Quando fico muito mal arrumada, me sinto muito mal, autoestima baixa, por isso é muito importante nos esforçarmos em relação a isso e fazer exatamente o que você está fazendo."*

Mais uma vez, conforme podemos observar, encontramos a essência da teoria da cognição do vestuário traduzida na percepção suscitada pela própria experiência. Contudo, se para muitos de nós está claro que o nosso descuido em relação às roupas que usamos pode fazer com que nos sintamos "muito mal", com "autoestima baixa" (tal como assinalou essa minha colega), nem sempre é tão evidente o fato de que, da mesma forma como podem inspirar emoções e atitudes desestimuladoras, elas também podem fomentar emoções e atitudes muito mais entusiasmantes, mais promissoras e mais produtivas em cada um.

Mais do que o bem-estar promovido pelas interações presenciais e virtuais que me beneficiavam com reconhecimento e incentivo, eu percebia a melhora da minha autoestima e do meu próprio rendimento por meio da minha adesão a um vestuário adequado à minha personalidade. A QSP, entretanto, estava alcançando um efeito duplo: enquanto eu me sentia mais motivada a seguir com a minha nova rotina de me vestir, a contar pelos próprios efeitos que sentia sobre mim após essa mudança, o impacto dessa mesma mudança também se expandia àqueles que interagiam comigo.

Com o fim das publicações dedicadas à QSP, encerrei essa atividade, que perdurou por 40 dias – tal como sugere o próprio nome do desafio. Porém, o cuidado com a minha imagem pessoal no ato de me vestir melhor durante o período de isolamento social não se encerrou com a QSP: esse zelo permaneceu. Ademais, a minha autoimagem e a minha autoestima, que melhoraram considerável e perceptivelmente ao longo da QSP, se mantiveram acima do que eram antes do início desse processo.

Com isso, ao experimentar a teoria da cognição do vestuário no meu próprio corpo, pude efetivamente chegar à conclusão – agora prática – de que, sem qualquer sombra de dúvida, a roupa que usamos influencia não apenas na imagem que os outros constroem a nosso respeito, mas também na própria percepção que nós mesmos temos com relação a quem e como somos, assim como nos nossos modos de ser, de sentir e de fazer.

Infelizmente, não tive condições de acompanhar a evolução de todos aqueles que interagiram comigo – presencial e/ou virtualmente – e que se sentiram encorajados pela minha iniciativa e pela minha própria transformação num momento tão difícil. De toda forma, naquilo que envolve os meus familiares e amigos mais próximos, eles também seguiram em frente, vestindo-se melhor a partir daí.

Sobre a complexidade desse recurso, reproduzo aqui a postagem que fiz no meu Instagram no último dia da QSP:

> *"Missão cumprida! Quando comecei essa jornada, não imaginei que ficaria tanto tempo em isolamento social. Foi um trabalho difícil, houve dias em que não queria realizá-lo e só desejava ficar de pijama o dia todo.*
>
> *À medida que os dias foram passando, a vontade de me aprontar para o dia foi aumentando e houve dias em que nem sequer questionei se deveria ficar de pantufas e pijamas ou colocar uma roupa normal e partir para a labuta diária: foi natural!*
>
> *Foi divertida e engraçada a reação das pessoas da família quando me viam sem pijamas, de cara e cabelos lavados (😄😄), e logo me perguntavam se eu iria sair! Algumas vezes, a vizinha me viu varrendo o quintal ou a calçada e me perguntou aonde eu iria ou onde eu havia estado 😄😄. Notava a feição dela de surpresa quando me via quase que diariamente sem pijamas e "vestida para sair". Percebi que os trabalhos que eu deveria executar todos os dias tinham melhor qualidade só pela postura que eu tomava e pelas roupas que eu vestia. Vi tempos atrás um estudo que mostrava que a pessoa, quando veste determinada roupa, toma a atitude que essa roupa carrega (por exemplo, quando alguém veste um jaleco de médico, toma a postura de confiabilidade e ética; a farda de um oficial o torna respeitável e com autoridade, etc.). Então, hoje, depois de 40 dias, não imagino estar de pijama ao meio-dia – provavelmente eu estaria sem perspectiva e desanimada... Estou tomando gosto por me cuidar!*
>
> *Além do exercício de me expor, tirar as couraças da autocrítica, hoje sei um pouco mais do que sabia há 40 dias: quem sou eu e o que pretendo comunicar para o mundo!*

> *E o que vocês sentem que o vestir pijama durante o dia todo transmite? Você acredita que faz diferença para alguém em home office se aprontar para trabalhar, independentemente de se deslocar e encontrar-se com pessoas?"*

Bem, uma vez que me interessava saber a opinião daqueles que acompanharam a minha experiência – e posto que eu acabaria me valendo dela para o desenvolvimento do artigo que me competiria entregar no semestre seguinte –, posteriormente tive a oportunidade de entrevistar 60 mulheres às quais, entre outras questões, estendi as mesmas perguntas assinaladas ao final desse meu depoimento publicado no 40º dia da QSP, em 27 de maio.

Agora, restava saber: para elas, mesmo na configuração do *home office*, se aprontar para trabalhar era algo que fazia e/ou que faria alguma diferença? Em caso afirmativo, qual? Como isso se daria? E de que maneira essas respostas viabilizariam não só o meu artigo, mas a própria ampliação de um conhecimento potencialmente transformador e que, mais do que se encerrar em mim, pudesse alcançar e se transformar numa ferramenta de mais autoestima, mais bem-estar e mais produtividade para tantas outras pessoas?

CAPÍTULO 5

O que diz quem interagiu com a QSP?

Conforme pudemos observar no capítulo anterior, a QSP foi uma experiência que, para além dos resultados que proporcionou diretamente na esfera pessoal, também acabou por sensibilizar aqueles que a acompanharam, cada um a seu próprio modo.

Em outras palavras, ela alcançou tanto aqueles que a observaram mais de perto (por estarem fisicamente mais próximos) quanto aqueles que a seguiram mais "de longe", muito embora o acesso às publicações diárias da QSP no ambiente *on-line* também despertasse em muitos uma sensação de proximidade. E, isso, sobretudo num período em que as redes sociais foram tão utilizadas para atenuar em nós os efeitos do distanciamento social imposto pela pandemia.

Sem dúvida, o crescimento da nossa adesão aos diversos tipos de mídias sociais – entre os quais, o Instagram – ainda tem um potencial incerto, e sequer temos condição de já conhecer a extensão possível dos seus impactos atuais e futuros nas nossas vidas (BRIGGS; BURKE, 2016). De todo modo, fato é que, com a disseminação da Covid-19 e a necessidade de que nos recolhêssemos às nossas casas por muito mais tempo, passamos a nos valer dessas mídias para, com ainda mais intensidade do que antes, nos conectar àqueles do nosso convívio pessoal e profissional, dada a impossibilidade do contato físico.

Ainda que, em contrapartida aos seus benefícios, também restem dúvidas acerca das consequências do seu uso demasiado para a saúde mental da população – tal como relatado em reportagem do jornal *O Estado de S. Paulo* nesse mesmo primeiro ano de pandemia (WOLF; CAPELAS, 2020) –, o que observamos é que:

> As mídias sociais transformaram a forma como estamos no mundo. Seja no bar, no trabalho, ou a caminho da exposição, nós estamos criando conexões de interesses com milhares de outras pessoas ao mesmo tempo. Os nossos dedos e nossos olhos nos levam tão longe quanto as nossas pernas. As mídias sociais criaram um mundo híbrido, em que estamos e ao mesmo tempo não estamos nos lugares (FERRARI, 2014, p. 162).

A propósito, "estarmos e ao mesmo tempo não estarmos nos lugares" foi um dos fenômenos que mais experimentamos nesse período de pandemia. E dessa mesma forma "híbrida" foi que, ao final, o público do Instagram estava "seguindo" de muito perto o dia a dia da QSP – ao mesmo tempo que não estava.

Tal como já foi antecipado no capítulo quatro, houve um grande número de interações no decorrer das 40 postagens da #40tenasempijama no perfil @sintyamotta, sendo que todas elas ocorreram espontaneamente.

Em vista disso, dado esse alcance "orgânico" (que é como nos referimos aos resultados desses conteúdos que não são financiados, patrocinados) e que tantos foram os registros positivos manifestados por aqueles que acompanharam esse processo nessa rede social, passamos a nos interessar por entender um pouco melhor o impacto da QSP sobre essas pessoas durante os 40 dias em que o conteúdo dessa vivência estava sendo veiculado.

Afinal, mais do que estarmos a par de que ela as alcançara, tratava-se de compreender: *como* elas tinham sido alcançadas? E o que isso poderia revelar tanto no que dizia respeito às suas convicções em relação ao hábito de se vestir até aí quanto em relação à sua prática de se vestir a partir daí?

Além disso, também como parte da metodologia adotada para o artigo acadêmico do qual resultaria esta obra, esse aprofundamento nos permitiria mensurar de forma ainda mais satisfatória a apreensão de uma amostra maior do que aquela circunscrita às impressões já obtidas por meio dos familiares e amigos mais próximos que também haviam acompanhado a experiência, como vimos no capítulo anterior.

Assim, para viabilizar essa análise, lançamos mão de um questionário *on-line* por meio de uma plataforma de pesquisa com a qual contamos no segundo semestre de 2020. Dado que a quase totalidade das pessoas que interagiram com as 40 publicações era do gênero feminino, optamos por dispor somente da participação delas, preservando a sua identidade.

Inicialmente, encaminhamos o questionário para 80 mulheres. Desse total, 60 o tinham efetivamente respondido ao final de um mês, compondo, então, a amostra da qual nos valeríamos para empreender a análise a que nos propusemos. Assim, as nossas considerações se apoiam na observação das respostas de um grupo bem delimitado, mas já bastante expressivo – razão pela qual acreditamos que as impressões assinaladas por ele possam, de fato, ser representativas de um grupo muito maior de mulheres cujo perfil contempla as características que acompanharemos a seguir.

Das 60 respondentes, 57 tinham mais de 30 anos. Esse percentual tão alto – o correspondente a 95% delas – pode indicar que essa questão envolvendo as alterações provocadas no nosso modo de nos vestir desde março de 2020 tenha interessado mais especialmente àquelas mulheres em idade economicamente ativa. Nesse contexto, portanto, mulheres que, comparativamente àquelas em idade não economicamente ativa – ou até mesmo nessa faixa etária, mas que não trabalhavam fora de casa –, teriam sido ainda mais impactadas pela nova rotina pós-pandemia, identificadas como parte daquele grande grupo que se manteve em casa devido ao isolamento social desempenhando não "apenas" as atividades domésticas[16], mas também as profissionais, por meio do *home office*.

No que diz respeito aos locais em que se encontravam na ocasião em que responderam ao questionário, 52 das 60 mulheres (88% delas) residiam nas diferentes regiões do Brasil, enquanto as demais viviam no exterior. Analisando mais especificamente a região do País onde as primeiras moravam, verificamos que 76% estavam situadas nas Regiões Sul e Sudeste.

---

16 Cientes de quão exaustivas as atividades domésticas podem ser por si mesmas, não pretendemos, de modo algum, simplificar a dificuldade de realizá-las cotidianamente, sobretudo em meio aos desdobramentos da pandemia – com mais pessoas em casa por muito mais tempo. Aqui, referimo-nos pontualmente a esses afazeres tendo em vista a necessidade de, a eles, adicionar ainda aqueles associados ao trabalho antes realizado fora do espaço doméstico – o que fez com que a administração conjunta de todos eles se transformasse num grande desafio, especialmente para as mulheres, já culturalmente muito mais sobrecarregadas do que os homens com as tarefas da casa.

Por fim, observamos ainda que, aqui, para a finalidade da informação que nos competia registrar, nem chegamos a pontuar as responsabilidades dessa mesma mulher quando ela é mãe e, para além dos cuidados da casa e do *home office*, precisa ainda se desdobrar nas atenções que o exercício da maternidade por si só lhe exige.

Porém, embora não tenhamos pontuado, não poderíamos deixar de reconhecer, evidentemente,

Assim como as demais regiões brasileiras, tanto a Região Sul quanto a Região Sudeste foram extremamente afetadas pelo número de novos casos e de mortes decorrentes da Covid-19, cada qual impactada por uma série de medidas restritivas impostas em muitos e diferentes momentos ao longo do avanço da pandemia. Esse dado, portanto, acabou corroborando a nossa leitura de que a quase totalidade das entrevistadas estaria, de fato, dividida entre os afazeres domésticos e aqueles do *home office*.

Outra informação que nos pareceu relevante nessa pesquisa foi o grau de escolaridade delas: mais uma vez, 52 das 60 mulheres (88% delas) contavam com ensino superior e/ou pós-graduação.

Tendo em vista esse dado, pareceu-nos necessário – e oportuno – pensar aí numa relação entre o elevado nível de escolaridade dessas participantes e o seu interesse na temática centrada no vestuário, ou seja, tudo indica que o cuidado com o vestuário encontra mais adesão entre aquelas que detêm sólida formação acadêmica. Uma explicação que aventamos para isso consistiria no fato de que, a contar pela sua própria formação, essas mulheres desempenhem atividades profissionais nas quais a sua imagem pessoal – assim como o vestuário da qual essa imagem pessoal também se constitui – é considerada mais relevante.

Ademais, as participantes relataram que são altamente conectadas ao universo digital e que utilizam as redes sociais com frequência: 57 das 60 mulheres (96% delas) as acessam diariamente, sendo que 48 dessas 57 mulheres (85%) o fazem mais de uma vez ao dia.

Além disso, é importante destacar que, no contato com algumas das respondentes, constatamos o que já tínhamos como pressuposto desde o compartilhamento da experiência da QSP no Instagram, conforme registramos no início deste capítulo: a frequência do seu acesso e das interações nessas redes aumentou significativamente ao longo do período de isolamento social, uma vez que o contato presencial com aqueles do seu convívio habitual teve de ser menos frequente, de modo que as redes digitais lhes supriram um pouco essa falta.

Assim, os conteúdos da QSP obtiveram alto impacto não apenas por terem sido publicados no Instagram (rede social acessada diariamente por 96% dessas mulheres, e mais de uma vez ao dia, como vimos), mas, tendo em vista que esse impacto foi consideravelmente superior ao alcance mais comumente verificado em relação aos *posts* anteriores disponíveis no perfil @sintyamotta, observamos que o próprio período de isolamento social veio a favorecer esse resultado, já que a permanência nas redes sociais também apresentou um aumento geral nesse mesmo espaço de tempo.

De todo modo, haja vista a imensa quantidade de conteúdo sendo não apenas consumida por esse público, mas também produzida por um número igualmente maior de pessoas, o impacto alcançado segue chamando nossa atenção, no sentido de corresponder a um tópico com o qual tantas mulheres se identificaram nesse momento – o que nos permite depreender a sua relevância, agora ainda mais acentuada com os estudos e o *home office*, com todas as interações *on-line* que cada uma dessas atividades pressupõe na atualidade.

Sobre os temas que acompanharam nas mídias sociais, especificamente, notamos que as entrevistadas tinham interesses amplos. O destaque ficou por conta das atualidades: 21 das 60 mulheres (36% delas) manifestaram esse interesse, o que pode estar relacionado à situação econômico-social vivida desde então, em que assuntos como os protocolos de isolamento e o rigor da quarentena em cada cidade, em especial, passavam por constantes atualizações e atingiam a todas. Outros temas constatados refletem, potencialmente, a formação dessas 60 mulheres: para 13 delas, moda (23%); para 9, imagem e estilo (16%); para 4, política (8%); para 3, gastronomia (6%); e para 1, esportes (5%), entre outros que configuraram menor percentual.

Para as participantes da pesquisa, a forma como alguém se veste exerce influência nos seus hábitos não apenas pessoais, como também profissionais. Para 56 dessas 60 mulheres (94% delas), trata-se de um fato, sendo que, quando solicitamos que explicassem os motivos da sua convicção, aquelas que se referiram à influência do vestuário nos hábitos pessoais ressaltaram que a adequação dos trajes interfere (positiva ou negativamente) na energia e no ânimo de quem os veste.

Conforme opinou uma das respondentes:

> *"Acho que você parar e pensar em como vai se apresentar, seja para outra pessoa ou simplesmente para suas tarefas do dia (pessoais ou profissionais), muda a sua energia para realizar as tarefas ou se relacionar com alguém. Não acho que precise se produzir muito ou se apresentar de forma elaborada, mas acho que existe a apresentação certa para cada ocasião. Não adianta se arrumar demais e colocar salto se você vai cozinhar ou lavar roupa, mas também não acho que fazer tarefas domésticas de pijama porque ninguém tá te vendo vai trazer produtividade."*

A respeito desse depoimento, chamou nossa atenção, em primeiro lugar, o apontamento da entrevistada para essa adequação entre a roupa que vestimos e o contexto que envolve a atividade que vamos realizar.

Noutros tempos, na verdade, essa adequação nos parece já tão bem assimilada na esfera social que dificilmente não a veríamos sendo colocada em prática: até então, a maneira como nos vestíamos para ficar em casa no final de semana ou depois de chegarmos do espaço de trabalho sempre foi diferente da forma como nos trajamos de segunda a sexta-feira para esse mesmo trabalho fora dela (no escritório, por exemplo).

Contudo, uma vez que o trabalho executado externamente se juntou às atividades internas do lar, essa distinção entre os afazeres característicos de um e de outro contexto se confundiram no mesmo ambiente, fazendo com que essa "apresentação certa para cada ocasião", como registra a participante, também deixasse de ser uma prática naturalizada ou, mesmo, um cuidado: o trabalho de casa e o *home office* passaram a coincidir, transformando-se "numa ocasião só".

Em segundo lugar – mas ainda vinculado ao primeiro –, também chamou nossa atenção que, nessa consideração, a respondente tenha ponderado: "*[...] mas também não acho que fazer tarefas domésticas de pijama porque ninguém tá te vendo vai trazer produtividade [...]*". Isso porque, aqui, observamos a expressão de um conhecimento diretamente associado àquilo que se compartilhava por meio da vivência da QSP e que, portanto, remonta ao próprio conhecimento sustentado pela teoria da cognição do vestuário: quando vestimos uma peça de roupa, ela exerce um tipo de influência nos nossos processos psicológicos, disparando neles conceitos abstratos, graças aos significados simbólicos dos quais essa peça se investe.

No caso da experiência física de vestir o pijama e da falta de produtividade associada a essa experiência, basta pensarmos: quais os significados simbólicos dos quais essa peça se investe na nossa cultura? Qual o momento do dia em que costumamos vestir o pijama? E com que finalidade?

De todo modo – e embora esse conhecimento tenha sido compartilhado com todas as entrevistadas por meio dos 40 *posts* no

Instagram que elas próprias acompanharam –, com o início da quarentena e o subsequente período de isolamento social, 39 das 60 mulheres (65% delas) declararam que esse momento alterou a sua forma de se vestir – uma mudança que, segundo elas, se estendeu também a 65% daqueles com quem convivem. Ainda que 6 delas (10%) tenham alegado que passaram a se vestir melhor, fato é que uma quantidade mais significativa respondeu que passou a se vestir pior (19 delas, ou seja, 32% do grupo), enquanto as demais não observaram qualquer modificação.

Sobre essas alterações na sua forma de se vestir, acreditamos que elas podem ser explicadas justamente pelo impacto psicológico que estar na sua residência durante a maior parte do tempo ocasionou. Nesse contexto, a essa nossa incorporação sobre quais são as "roupas de ficar em casa" para realizar as atividades "de casa", agregou-se a ampliação das atividades profissionais por meio do *home office* – mas de um *home office* que, apesar de muitas vezes implicar videoconferências por meio de plataformas como Zoom, Skype, Google Meet, etc., encontra boa parte dos seus partícipes com as suas câmeras desligadas durante essas reuniões, como também verificaremos em relação a essas mulheres pouco mais adiante.

Como ponderou uma participante em relação a essa mudança:

> *"É algo que inclusive estou tentando mudar agora, pois o fato de não sair de casa me trouxe uma rotina mais largada, em que fiquei bem menos produtiva."*

Aqui, mais uma vez, chama nossa atenção a articulação entre a escolha da vestimenta e a baixa produtividade, remetendo ao conhecimento propagado pela teoria da cognição do vestuário. No caso, a entrevistada relata que "está tentando mudar agora", numa alusão ao momento em que se encontrava no segundo semestre de 2020 – período ao longo do qual esse procedimento de pesquisa foi realizado com vistas à elaboração do artigo acadêmico.

Uma vez que a sua interação com a QSP se deu no primeiro semestre, durante o qual o acompanhamento das postagens diárias da experiência no Instagram a colocou em contato com essa nova perspectiva quanto à influência que o nosso guarda-roupa exerce sobre cada um de nós, acreditamos que essa sua conclusão também possa ter decorrido daí. Ou, ainda, que possa ter sido reforçada a partir daí, caso a respondente já detivesse esse conhecimento prévio.

De qualquer forma, estimamos que a relação entre a roupa e a construção da autoimagem e da autoconfiança, bem como a associação entre a roupa e o aumento ou a diminuição da produtividade, estariam já repercutindo como um efeito da QSP sobre aqueles que a seguiram na rede.

Avançando um pouco mais no questionário, constatamos que, para as 60 mulheres que participaram da pesquisa, a prática de se vestir é algo relevante, da qual elas cuidam para se sentir mais satisfeitas consigo mesmas e produtivas nas suas atividades pessoais e profissionais. Mais especificamente, 55 (93% delas) relataram que se vestiam para si mesmas antes do início da quarentena, permitindo-nos entrever aí uma autoconfiança.

Em um dos depoimentos, aliás, encontramos essa associação entre a autoconfiança e a escolha do vestuário devidamente explicitada:

> "A imagem tem um poder transformador, e começa com a minha própria confiança e disposição para a vida e para os desafios, que são impactados pela maneira como me visto."

Conforme podemos notar, trata-se de um depoimento que acaba nos remetendo ao próprio contexto que envolveu a iniciativa da QSP por parte de uma das autoras deste livro. Isso porque, tal como já relatado, em meio ao abalo com o diagnóstico de câncer no ovário dado à sua irmã e aos desdobramentos de uma pandemia que imporia uma nova realidade às nossas interações nesse mesmo período, foi na aplicação da cognição do vestuário que ela encontrou um recurso por meio do qual acabaria recuperando a sua *"disposição para a vida e para os desafios"*. E para os seus desafios como mulher, como mãe, como irmã, como filha, como profissional e como estudante, entre todos os papéis que uma única mulher é capaz de assumir ao mesmo tempo.

Ainda que o isolamento social também tenha afetado a sua forma de se vestir, ao responderem se acreditam ser importante se vestir para uma reunião a distância da mesma maneira como o fariam para uma reunião regular, 51 das 60 mulheres (86%) afirmaram que sim. Todavia, o que também verificamos é que, apesar de a consciência sobre a importância do vestuário estar presente, o período de isolamento social e os seus impactos nas atividades e na autoimagem da maioria influenciaram – muitas vezes para pior – o vestuário utilizado.

Essa comprovação é confirmada pela pergunta seguinte, à qual 70% das mulheres responderam que, nas reuniões realizadas a distância durante o período da quarentena, os participantes frequentemente mantinham as suas câmeras desligadas.

Uma das respostas, inclusive, considerou isto:

> *"Na minha opinião, a maior parte das câmeras ficam desligadas pois as pessoas sentem vergonha e falta de motivação para se arrumar para videoconferências... é muito ruim não ver com que você está falando."*

No caso desse depoimento, portanto, a hipótese levantada pela entrevistada – de que "as pessoas sentiriam vergonha" de se mostrar diante das câmeras porque não teriam tido motivação o bastante para se arrumar – nos leva a recuperar o primeiro depoimento sobre o qual já nos debruçamos, referente à *apresentação certa para cada ocasião*.

Ora: a "falta de motivação" aí pontuada pode apenas evidenciar, mais uma vez, essa "fusão" entre aquilo que, se antes configurava duas "ocasiões" distintas (o contexto do estar em casa e o contexto do estar no trabalho), passou a compor uma só depois do advento da pandemia e das suas restrições, "confundindo" uma coisa na outra.

Contudo, dado que o espaço físico no qual passamos a estar na maior parte do tempo ainda é o do lar, a adequação da nossa vestimenta à nossa "apresentação" nesse local poderia explicar por que o pijama, por exemplo, ainda preponderaria aí, mesmo quando a maioria se vê tomada pelas demandas no *home office* – já que, chegando em casa depois do expediente (no geral, entre o finalzinho da tarde e início da noite), a maioria tinha como hábito trocar a roupa de trabalho pelo pijama depois do banho.

Como permanecíamos de pijama desde o início desse período entre o começar a nos preparar para descansar até o seu encerramento com a nossa saída para o trabalho na manhã seguinte, o mais provável é que muitos de nós tenham estabelecido uma relação direta entre o estar em casa e o vestir pijama. Fora, claro, todo o conforto que esse traje nos proporciona, entre outros fatores que não pretendemos esgotar.

Quanto ao impacto positivo que o acompanhamento da QSP teria surtido nessas 60 entrevistadas, o resultado nos surpreendeu: 59 gostaram da série de *posts* (99%), sendo que 51 desse total

(88%) gostaram muito ou gostaram extraordinariamente dessa experiência!

Inclusive, para 27 dessas mulheres (46% daquelas que responderam ao questionário), as publicações contribuíram para inspirá-las e motivá-las a mudarem os seus próprios hábitos de vestuário, vestindo-se de acordo com a imagem positiva que fazem de si mesmas, reforçando, assim, a sua autoestima durante o período de isolamento social.

Como ressaltou uma das participantes, que também passou a compartilhar o conhecimento apreendido em relação à cognição do vestuário:

> *"Com as postagens que acompanhei, me despertou a vontade e a consciência de que devemos nos cuidar melhor, valorizando a nós mesmas e sendo uma imagem positiva para a família e também para os contatos* on-line*. Me inspirou muito e tenho passado esse conceito para amigos e familiares."*

Este impacto positivo da série de *posts* da QSP demonstra como a reflexão da importância do vestuário é necessária, mesmo que, em alguns momentos, como neste de pandemia, possamos acabar abdicando desse olhar atento ao nosso modo de nos vestir.

A QSP, a seu tempo, não apenas reafirmou essa questão, como também reiterou a relevância de nos vestirmos para melhorar a nossa autoimagem e o nosso desempenho: 42 das 60 entrevistadas (71% delas) declararam que não é possível se vestir de qualquer forma, mesmo quando os outros não as estão observando.

Uma delas, revelando a sua apropriação do que compreende a teoria da cognição do vestuário, afirmou o seguinte:

> *"Acredito que mesmo se ninguém está nos olhando, é sempre bom para a autoestima estarmos nos vestindo bem, de acordo com a nossa essência, pois nos faz sentir melhor e com mais ânimo."*

Nesse depoimento, portanto, observamos que a participante não apenas traça um paralelo entre o uso do guarda-roupa e os benefícios decorrentes dele (entre os quais estão a autoestima elevada, o maior bem-estar e o aumento de ânimo, que também equivalem a maior produtividade): além disso, ela considera a necessidade de que esse "nos vestirmos bem" esteja "de acordo com a nossa essência".

Em outras palavras, tal como vimos desde a introdução deste livro, não se trata de incorporar uma série de combinações pré-formatadas para cada tipo de traje nesta ou naquela situação, mas, sim, de descobrir como podemos nos valer do nosso guarda-roupa para representar quem e como somos de uma forma que favoreça, cada vez mais, a construção de uma autoimagem positiva a nosso próprio respeito, que também nos permita ser e fazer o nosso melhor.

Por fim, a última pergunta do questionário explorou esse ponto com mais profundidade, corroborando as respostas anteriores, visto que 55 das 60 participantes (93% delas) alegaram que se vestir de forma coerente com a sua personalidade e os seus objetivos permite que elas se sintam mais seguras e confiantes.

Nas palavras de uma das entrevistadas:

> *"Durante a quarentena vi várias consultoras de imagem e estilo nas mídias sociais ensinando pessoas a vestir uma camisa, como se isso fosse o bastante... Acho que existem formas mais leais, mais nobres de se trabalhar com pessoas. A QSP, por exemplo, na minha opinião serviu*

> *para inspirar mulheres a não ficarem largadas. E acho que a procura desta ideia tem todo um papel psicológico de autoestima muito válido."*

Na esteira desse último depoimento e de todas as considerações que registramos no decorrer deste capítulo, só podemos salientar que, para nós, é certo que esse é justamente o diferencial da cognição do vestuário aplicada à consultoria de imagem e estilo: não se trata de aprendermos a usar uma camisa de um determinado modo para que sejamos capazes de criar um determinado tipo de apreciação num determinado grupo social num evento específico ou não.

Ou, ao menos, não se trata exclusivamente disso, sobretudo quando o uso da própria camisa não coaduna com a nossa personalidade, isto é, não nos representa na forma como nós mesmos nos percebemos e nos comunicamos com o mundo. Afinal, de que nos valeria inspirar que os outros façam uma leitura a nosso respeito em total desalinho com o que somos?

E mais: cientes agora de que as roupas nos inspiram emoções e comportamentos, como poderíamos expressar uma valoração social positiva do lado de fora, se estivermos nos sentindo mal do lado de dentro – com a nossa autoestima e a nossa autoconfiança prejudicadas?

No mais, resta ainda esta questão que também precisamos tratar: se a solução que buscamos nem sempre está na adesão a uma camisa para a realização das nossas atividades em *home office* e para o aumento da nossa produtividade, mas também **não** está na manutenção do uso do pijama durante todo o período em que estamos dentro de casa, como, afinal, podemos organizar e dispor do nosso guarda-roupa de modo que ele se transforme num recurso aplicado a nosso favor?

CAPÍTULO 6

No *home office*, como ficar em casa sem pijama?

No final do segundo semestre de 2020, quando eu apresentava o artigo acadêmico para a conclusão da minha pós-graduação em Consultoria de Imagem e Estilo na Belas Artes, ainda lidávamos com os impactos da pandemia no Brasil e no mundo num cenário de quarentena. Com isso, quero dizer que, embora estivéssemos avançando no sentido de contar com menos restrições para a realização das nossas atividades diárias, o cuidado com a aplicação dos protocolos de segurança e a necessidade de evitar até mesmo as menores aglomerações permaneciam inalterados.

Enquanto isso, às vésperas do final de um ano tão devastador, idealizávamos a chegada de um 2021 que trouxesse consigo a cura para a pandemia por meio de um programa de vacinação para todos que fosse marcado pela sua celeridade e eficiência, permitindo-nos a retomada da nossa vida com tudo o que sempre lhe foi de direito: entre tantos anseios, abraçar livremente os nossos afetos, ir e vir quando e para onde/de onde precisássemos ou quiséssemos, dividir as atividades que nos competem entre "casa" e "trabalho".

Já no início do primeiro semestre de 2021, enquanto providenciava as adaptações do artigo para este livro, algumas vezes me peguei pensando sobre a aplicabilidade dessa empreitada em termos de "prazo de validade"... Estaria investindo os meus esforços num projeto que, até chegar aí, às suas mãos, já estaria "ultrapassado"? As pessoas se interessariam em adquirir um título que remetesse à quarentena, se já não mais estivéssemos enfrentando uma, como tanto desejamos que acontecesse?...

Ao mesmo tempo, é claro que, por mais que "o livro seja mais ou menos datado", eu não perdia de vista ao menos duas possibilidades...

...A primeira, a de que, mesmo que este livro chegasse a ser lançado num momento em que a quarentena finalmente já tivesse cessado, ele ainda poderia ser duplamente útil. Isso porque ele poderia valer tanto como um registro da vivência de uma pessoa que, impactada pela quarentena, encontrou no próprio guarda-roupa um recurso para lidar com as dificuldades do momento, quanto como uma publicação que se apoia inteiramente na teoria da cognição do vestuário, ainda pouco difundida no Brasil e na própria área da Consultoria de Imagem e Estilo.

...A segunda, a de que, mesmo que a quarentena tivesse já deixado de ser uma realidade graças ao fim da pandemia, as pesquisas com as quais me deparei seguiam ratificando a expectativa de continuidade do *home office* como um novo regime de trabalho em caráter "definitivo", ainda que ele possa vir a assumir uma configuração híbrida.

Para se ter uma ideia, já na primeira quinzena de 2021, uma pesquisa novamente realizada pela Robert Half concluía que o *home office* consolida a "jornada híbrida" como a preferida dos trabalhadores (G1, 2021, *on-line*). De acordo com a matéria, "chegou a 91% o percentual de profissionais qualificados que acreditam que o futuro do trabalho será de modelo híbrido, revezando entre dias presenciais e remotos", sendo que, por "profissionais qualificados", a consultoria de recrutamento entende aqueles com 25 anos ou mais e com formação em ensino superior. Da parte das empresas, são muitas as reportagens que assinalam a adesão de muitas delas a esse novo formato. Tecchio (2021, *on-line*), por exemplo, informa que "gigantes da tecnologia já consideram manter o *home office* para todo o quadro de funcionários".

Conforme os dias do novo primeiro semestre foram avançando, porém, fui me dando conta de que, infelizmente (para todos nós), o lançamento desta obra não se daria num cenário em que a quarentena já não mais existisse... Tal como antecipei no quarto capítulo, referindo-me ao tratamento da minha irmã, as adaptações deste livro se dão enquanto permanecemos sob todas as limitações agora trazidas com a segunda onda da Covid-19, incluindo o endurecimento das medidas que visam a diminuir os números recordes de contágio e de vidas que temos perdido diariamente.

Assim, com o prolongamento dessas condições de um lado e com a estimativa de manutenção do *home office* de outro, mesmo depois que a Covid-19 já tiver sido vencida (o que também espero que seja muito em breve), voltamos à teoria da cognição do vestuário e ao propósito que me moveu neste livro.

Ao final, acredito que, depois de passarmos por esses cinco capítulos até aqui, já sabemos como é que a nossa maneira de nos vestir pode nos ajudar na construção de uma autoimagem positiva, a partir da qual possamos sentir mais bem-estar, mais autoconfiança e, até mesmo, mais produtividade nas nossas tarefas, não é mesmo? E mesmo em meio a um cenário de pandemia...

Não só por meio da minha experiência pessoal, como também mediante a entrevista contemplada no capítulo cinco, envolvendo as 60 participantes, tivemos oportunidade de constatar que o nosso vestuário influencia as nossas emoções e o nosso comportamento em meio a essa longa quarentena que estamos enfrentando. E não teria como ser diferente.

No entanto, tal como muitas dessas participantes da pesquisa revelaram, embora não nos reste dúvida quanto à importância do vestuário na nossa vida, a verdade é que muitas vezes ainda nos falta a iniciativa de nos vestir de uma forma pela qual nós mesmos sejamos beneficiados nesse contexto. E, em muitos casos, essa falta de iniciativa se dá em razão de um impasse que eu gostaria de resolver com você neste instante: *como fazer, afinal? Por onde começar?*

Bem, quando me lancei à experiência da minha #40TENASEMPIJAMA, identifiquei que seria preciso organizar um guarda-roupa mais prático, que me possibilitasse a montagem rápida de um *look* confortável e eficiente ao mesmo tempo.

E por quê?

Acontece que, diante de um guarda-roupa que nos ofereça inúmeras possibilidades (com todas as roupas apropriadas às quatro estações, com peças voltadas a eventos festivos ou que não podem ser utilizadas no dia a dia), pode ser mesmo mais difícil escolher um vestuário que satisfaça as nossas demandas atuais.

E aí não resta dúvida: essa dificuldade tende a gerar em nós uma boa dose de desmotivação, o que faz com que permanecer de pijama durante todo o dia pareça uma solução muito mais rápida e prática (mesmo sendo bem menos proveitosa e produtiva para quem não poderá desfrutar o dia todo da cama...).

Por isso foi que, inspirada pelo "guarda-roupa-cápsula", organizei o meu **guarda-roupa "#FICAEMCASASEMPIJAMA"**!

Caso você ainda não tenha ouvido falar a esse respeito, um guarda-roupa-cápsula tradicional é aquele otimizado e inteligente, cuja composição varia entre 37 e 50 peças (nessa contagem, não entram acessórios – como lenços e bijuterias –, pijamas, roupas de ginástica ou roupas íntimas). De caráter prático, ele representa bem a máxima "menos é mais".

A propósito, você sabia que, em relação ao guarda-roupa comum, diversos estudos demonstram que a tendência é de usarmos apenas 20% das peças do nosso armário em 80% do tempo? Então, por que não já facilitarmos as nossas escolhas no dia a dia?

O objetivo do guarda-roupa #FICAEMCASASEMPIJAMA é que você tenha fácil acesso aos itens essenciais do seu vestuário e que, dessa maneira, possa escolher com muito mais presteza e assertividade as roupas adequadas à sua nova rotina de trabalho em casa – mas sem perder a conexão e a coerência com aquilo que representa o seu jeito de ser e de se comunicar com o mundo. Nessa direção, o #FICAEMCASASEMPIJAMA também pode continuar sendo usado mesmo após o fim da pandemia.

Para organizar o #FICAEMCASASEMPIJAMA, basta seguir as orientações do próximo quadro:

COMO ORGANIZAR O SEU GUARDA-ROUPA #FICAEMCASASEMPIJAMA

MONTE O SEU GUARDA-ROUPA POR COMPLETO EM TRÊS ETAPAS:

1. Em primeiro lugar, selecione todas aquelas peças **que não atendem mais ao seu gosto**, isto é, aquelas com as quais você não se identifica mais. Depois de separá-las, aproveite e as **encaminhe para doação**;

2. Em segundo lugar, selecione todas aquelas peças **que você não está usando e que não estima utilizar tão cedo nesse período de quarentena**. (Por exemplo, vestidos de festas e outras roupas muito elaboradas, que também demandam mais cuidado na sua manutenção, assim como peças que não sejam muito confortáveis, como saias-lápis e sapatos de salto alto.) **Guarde-as na parte superior do guarda-roupa**;

3. Por último, mantenha ao alcance da sua vista e das suas mãos somente aquelas roupas que você já usa e que continuará usando nesta fase para realizar as suas atividades pessoais e profissionais.

> *Dica extra para esta última etapa*: para essa seleção de peças (lembrando que o ideal é que sejam entre 37 e 50), **priorize aquelas que sejam:**
> - **confortáveis** e que privilegiem o tronco e a parte superior do corpo, que são as mais visíveis durante as videochamadas que ocorrem durante o trabalho em *home office*;
> - **de fácil manutenção**, dada a nossa atual escassez de tempo; e
> - **de fácil coordenação** quanto às suas peças e cores, o que permite multiplicar as possibilidades de *looks*.

Em relação às peças de fácil manutenção mencionadas no segundo item, considere que, em meio a outras tantas demandas diárias que já temos (domésticas e de trabalho), lavar, passar e acondicionar as roupas também são atividades que consomem tempo, tanto da parte de quem realizava essa atividade por conta própria quanto da parte do(da) profissional dedicado(a) a isso. Nesse período de pandemia, a carência de tempo se intensificou para todos.

Como vimos, com os desdobramentos decorrentes da Covid-19, acumulamos muitas funções dentro de casa. Ao mesmo tempo, muitos dos profissionais contratados para atuar no ambiente doméstico acabaram tendo a sua carga horária diminuída (de diária para semanal, de semanal para quinzenal, de quinzenal para mensal, etc.), tornando necessária a revisão dos seus afazeres em conformidade com o tempo disponível para executá-las.

Como exemplo desse guarda-roupa a que me refiro, o quadro a seguir apresenta o meu #FICAEMCASASEMPIJAMA, adaptado ao meu dia a dia na primeira fase da quarentena, ainda no primeiro semestre de 2020.

Como elaborei esse meu guarda-roupa em Monte Verde, que faz parte de uma região montanhosa, onde o clima é ameno, ele incorpora não apenas o meu estilo, como também as especificidades locais – o que justifica a presença de casacos, apesar de eu tê-lo organizado ainda perto do verão.

Vale destacar que eu o reproduzo aqui em caráter meramente ilustrativo: sem dúvida alguma, ele é completamente passível de adaptações às características da sua região e às suas próprias características pessoais.

Da mesma forma, a quantidade de peças registrada no próximo quadro também é uma sugestão, claro, sendo que as figuras seguintes representam exemplos de uso dessas peças, de maneira a demonstrar as diversas possibilidade para compor *looks* distintos – e a partir de um mesmo item em comum que leva a outra combinação.

Lembrando também que o seu guarda-roupa #FICAEMCASASEMPIJAMA pode ser organizado com o auxílio de um(a) profissional de consultoria de imagem e estilo ou de um(a) estrategista em cognição de vestuário e imagem.

SUGESTÃO DE QUANTIDADE DE PEÇAS PARA O GUARDA-ROUPA #FICAEMCASASEMPIJAMA	
ITEM	QUANTIDADE
Jaquetas	2
Casacos	4
Blazer	1
Blusas	15
Vestidos	3
Calças	5
Saias	2
Sapatos	9
TOTAL	41

Fonte: Desenvolvida pela autora (2020).

NO *HOME OFFICE*, COMO FICAR EM CASA SEM PIJAMA?

FIGURA 15:
#FICAEMCASASEMPIJAMA.
Foto: Tom Araújo (2020).

FIGURA 16:
#FICAEMCASASEMPIJAMA.
Foto: Tom Araújo (2020).

FIGURA 17:
#FICAEMCASASEMPIJAMA.
Foto: Tom Araújo (2020).

FIGURA 18:
#FICAEMCASASEMPIJAMA.
Foto: Tom Araújo (2020).

FIGURA 19:
#FICAEMCASASEMPIJAMA.
Foto: Tom Araújo (2020).

FIGURA 20:
#FICAEMCASASEMPIJAMA.
Foto: Tom Araújo (2020).

FIGURA 21:
#FICAEMCASASEMPIJAMA.
Foto: Tom Araújo (2020).

FIGURA 22:
#FICAEMCASASEMPIJAMA.
Foto: Tom Araújo (2020).

NO *HOME OFFICE*, COMO FICAR EM CASA SEM PIJAMA?

FIGURA 23:
#FICAEMCASASEMPIJAMA.
Foto: Tom Araújo (2020).

FIGURA 24:
#FICAEMCASASEMPIJAMA.
Foto: Tom Araújo (2020).

FIGURA 25:
#FICAEMCASASEMPIJAMA.
Foto: Tom Araújo (2020).

FIGURA 26:
#FICAEMCASASEMPIJAMA.
Foto: Tom Araújo (2020).

Por fim, adicionalmente ao meu guarda-roupa #FICAEMCASA-SEMPIJAMA, ponderei a necessidade de organizar uma infraestrutura para realizar mais eficientemente as reuniões e as *lives* que seguiram à distância no meu *home office*.

Trata-se de uma iniciativa que me parece especialmente pertinente de ser compartilhada neste encerramento, por ter em vista o contexto no qual ainda nos situamos, sob os efeitos da quarentena oriunda da Covid-19 e da imposição do *home office* em tempo integral para um grande número de profissionais. Isso sem contar, como pontuei algumas vezes, a estimativa de que esse regime de trabalho ainda permaneça (em caráter híbrido ou não) para depois desse momento pandêmico.

Ocorre que, no universo da imagem, sempre é preciso lembrar que tudo importa. Portanto, embora não seja fundamental, o cenário do *home office* também é importante para proporcionarmos uma boa impressão. Logo, sem uma iluminação e um ambiente adequados, a imagem que estamos transmitindo a nosso respeito pode suscitar certos "ruídos", sugerindo alguma "falta de profissionalismo" ou de "coerência" de nossa parte.

Já imaginou, por exemplo, como pode ser percebida a imagem de alguém que está diante da câmera do celular ou do computador, discorrendo sobre a importância da boa organização da sua equipe (no caso de reunião de trabalho) ou da organização pessoal dos seus seguidores (no caso de uma *live*) para que sejam alcançados determinados objetivos, mas que tenha atrás de si um ambiente permeado pela bagunça?

Ademais, em diversos lares, além dos adultos trabalhando remotamente, as crianças também estão estudando *on-line*, ou mesmo brincando, ou ainda pode ser que existam outras pessoas envolvidas em outros afazeres... Então, uma boa sugestão para essa situação é selecionar um cômodo na residência para ser utilizado como *home office* e espaço de estudos – o próprio quarto, por exemplo. Dessa forma, ao mesmo tempo que zelamos pelo todo da imagem que estamos veiculando nesses eventos *on-line*, estamos também buscando assegurar a nossa concentração e a nossa produtividade, evitando distrações desnecessárias.

Ainda no que diz respeito a esse espaço – o próprio quarto, como já sugeri –, é possível dividi-lo com um biombo, posicionado ao fundo de quem está trabalhando ou estudando.

No meu caso, foi exatamente isso o que fiz, porque não dispunha de um cômodo que pudesse ocupar e reorganizar exclusivamente para essa tarefa. Então, providenciei uma escrivaninha e o material de escritório que atenderia à minha necessidade. E, dada a minha atuação profissional e o que eu desejava comunicar a meu respeito nessas *lives* e reuniões (FIGURA 27), investi em dois tripés para lâmpadas LED de alta potência, apropriados para estúdios fotográficos (FIGURA 28).

Quanto ao biombo, criei um com muita facilidade: bastou que eu me utilizasse de uma arara e de um tecido neutro (FIGURA 29), mas que também poderia conter qualquer informação que eu quisesse comunicar em cada apresentação.

Assim como em relação ao seu guarda-roupa #FICAEMCASASEMPIJAMA, esse cenário de fundo para a realização do seu *home office*, qualquer que seja a atividade profissional que você desempenhe, deve ser pensado e preparado levando em conta as suas particularidades e aquilo com o que você mais se identifica. Aquilo que melhor representa quem você é e que também inspira a sua atuação da maneira mais profícua.

FIGURA 27:
À mesa em meu *home office*.
Foto: Tom Araújo (2020).

FIGURA 28:
Espaço dedicado do meu quarto ao meu *home office*.
Foto: Tom Araújo (2020).

FIGURA 29:
Biombo que improvisei para isolar um ambiente do outro.
Foto: Arquivo pessoal (2020).

Atente-se aos espaços dos quais você dispõe na sua casa e, mais do que nas adaptações em si, comece considerando: que benefícios essa pequena mudança poderia promover a seu próprio favor? E que tal fazer isso por você?

Bem, e agora que estamos realmente chegando ao final dessa trajetória (lembrando que um final sempre pode anteceder um novo começo, que pode ser, por exemplo, a experiência da **sua** própria QSP), quero agradecer por você ter aceitado o meu convite na introdução desta obra e também reiterar que, tal como lhe propus nesse início, este que lhe apresento aqui é um dos caminhos possíveis.

Quando o escolhi, colocando a teoria à prova no meu próprio corpo, queria mesmo sentir, por meio da minha própria vivência, como a cognição do vestuário – e, por consequência, o rompimento com o descuido da minha própria imagem – poderia me ajudar a sair da minha dor, da minha improdutividade, da minha letargia, num momento particularmente difícil para mim.

Como assinalei desde o começo, eu já tinha sido surpreendida por esse "estranho poder" que as roupas exercem sobre nós quando finalmente me dei conta de que todo o cuidado que a minha irmã sempre teve com a sua própria aparência era algo fundamental para a preservação do seu espírito de luta no combate ao câncer de ovário.

Aliás, estou certa de que ele continua sendo da maior importância para que ela siga passando tão guerreiramente por todos esses meses, lidando com um dia de cada vez, não obstante todas as adversidades que já surgiram no decorrer desse período. Não por acaso, ela e toda a sua força são absolutamente inspiradoras para mim. Mas, toda a compreensão intelectual, bem como todo o meu amor e a minha profunda admiração por ela postos à parte, faltava-me ainda experimentar essa influência do vestuário em mim. Por mim.

Assim foi que, já durante a QSP, comprovei a diferença que essa iniciativa era capaz de promover sobre o modo como eu me via e como eu me sentia, sobre o modo como os outros passaram a me ver a partir daí, sobre a minha autoconfiança e o meu bem-estar, sobre a minha predisposição e a minha produtividade.

Contudo, se os resultados são mesmo comprovados – como já o tinham sido desde os experimentos de Adam e Galinsky que culminaram com a própria teoria –, o processo não deve ser visto como uma dessas "soluções milagrosas": trata-se de um processo, como qualquer outro. E de um processo que sofre uma série de influências – internas e externas –, que tem os seus "altos e baixos" e que demanda empenho da nossa parte até que se transforme em hábito. Até que seja mesmo "incorporado" ao nosso dia a dia.

Um dia a dia que, por sua vez, também continuará sendo influenciado por múltiplos fatores – internos e externos –, cada qual com os seus próprios "altos e baixos", tal como temos experimentado desde o advento da Covid-19.

Por isso, o que eu desejo é que, como sucedeu a mim, a apropriação da cognição do vestuário e do seu guarda-roupa como um aliado possa contribuir para que, ao final de cada dia, você realmente consiga encontrar os meios de se tornar a sua melhor e mais autêntica versão. Seja para a construção ou para o fortalecimento da sua autoimagem positiva, seja para a manutenção do seu bem-estar e/ou da sua autoconfiança, seja para o aumento da sua produtividade e/ou para qualquer que seja a sua necessidade.

Desejo que as suas roupas exerçam um "estranho poder" que seja, no mínimo, muito positivo nas suas emoções e nos seus comportamentos, seja para realizar as suas atividades de casa, seja para dar conta das suas atividades de *home office* e/ou simplesmente para ser e fazer o que você quiser. Inclusive em outros espaços, quando essa pandemia acabar.

Enquanto ela não passa, porém, #fiqueemcasasempijama! ;)

Referências

ADAM Galinsky. **Columbia Business School**, New York, [2021]. CBS Directory. Disponível em: https://www8.gsb.columbia.edu/cbs-directory/detail/ag2514. Acesso em: 16 mar. 2021.

ADAM, H.; GALINSKY, A. D. Enclothed cognition. **Journal of Experimental Social Psychology**, Amsterdam, v. 48, n. 4, p. 918-925, 2012.

ALFAGEME, A. O sonho do 'home office' vira pesadelo na pandemia. **El País**, [s. l.], 09 ago. 2020. Sociedade. Disponível em: https://brasil.elpais.com/sociedade/2020-08-09/o-teletrabalho-nao-era-isto.html. Acesso em: 16 mar. 2021.

BANSAL, S. Working in Pyjamas Doesn't Hamper Your Work-From-Home Productivity. **VICE**, [s. l.], 15 dez. 2020. Disponível em: https://www.vice.com/en/article/y3gb4x/work-from-home-in-pyjamas-doesnt-affect-productivity-hits-mental-health. Acesso em: 16 mar. 2021.

BAUMGARTNER, J. **You are what you wear**. What your clothes reveal about you. Philadelphia: Da Capo, 2012.

REFERÊNCIAS

BIGARELLI, B. Distrações são o maior desafio no home office, mostra estudo. **Fiscalti**, [s. l.], 30 mar. 2020. Disponível em: https://www.fiscalti.com.br/distracoes-sao-o-maior-desafio-no-home-office-mostra-estudo/. Acesso em: 16 mar. 2021.

BLAKESLEE, S. Mind Games: Sometimes a White Coat Isn't Just a White Coat. **The New York Times**, [s. l.], 02 abr. 2012. Disponível em: https://www.nytimes.com/2012/04/03/science/clothes-and-self-perception.html. Acesso em: 16 mar. 2021.

BRIGGS, A.; BURKE, P. **Uma história social da mídia**: de Gutemberg à internet. Rio de Janeiro: Zahar, 2016.

BRONZO, C. Entre pisar suavemente na terra ou comer suas entranhas: as escolhas que fazemos nos definem. **Nau Social**, Salvador, v. 11, n. 20, p. 81-89, 2020.

CENTRO UNIVERSITÁRIO BELAS ARTES. Comissão Preventiva COVID-19. 11 dicas para *home office*. **Belas Artes**, São Paulo, 07 abr. 2020.

CHAPMAN, D. G.; THAMRIN, C. Scientists in pyjamas: characterising the working arrangements and productivity of Australian medical researchers during the COVID-19 pandemic. **Medical Journal of Australia**, Sydney, v. 213, n. 11, p. 516-520, 2020. Disponível em: https://www.mja.com.au/journal/2020/213/11/scientists-pyjamas-characterising-working-arrangements-and-productivity. Acesso em: 16 mar. 2021.

CHAVES, B. L. **Atrapalhando as significâncias**: o *personal styling* na contemporaneidade. 2013. 100 f. Dissertação (Mestrado em Arte e Cultura) – Faculdade de Artes Visuais da Universidade Federal de Goiás (UFG), Goiânia, 2013.

COSTA, S. da S. Pandemia e desemprego no Brasil. **Revista de Administração Pública** – FGV-EBAPE, Rio de Janeiro, v. 54, n. 4, p. 969-978, 2020.

DISTANCIAMENTO social, isolamento e quarentena: entenda as diferenças. **Univiçosa**, Viçosa, 26 jun. 2020. UniNotícias. Disponível em: https://www.univicosa.com.br/uninoticias/noticias/distanciamento-socialisolamento-e-quarentenaentenda-as-diferencas. Acesso em: 16 mar. 2021.

DWECK, C. **Mindset**: a nova psicologia do sucesso. São Paulo: Objetiva, 2017.

ECO, U. **Psicologia do vestir**. Lisboa: Assírio e Alvim, 1989.

ECO, U. **História da beleza**. Rio de Janeiro: Record, 2017.

EQUIPE IBC. Conheça os 4 tipos de atenção segundo a psicologia e como desenvolvê-los no trabalho. **Instituto Brasileiro de Coaching** (IBC), Goiânia, 06 nov. 2019. Portal. Disponível em: https://www.ibccoaching.com.br/portal/conheca-os-4-tipos-de-atencao-segundo-psicologia-e-como-desenvolve-los-no-trabalho. Acesso em: 16 mar. 2021.

EQUIPE ONCOGUIA. Câncer de ovário é o mais letal e silencioso dos tumores ginecológicos. **Instituto Oncoguia**, [s. l.], 18 nov. 2020. Câncer na mídia. Disponível em: http://www.oncoguia.org.br/mobile/conteudo/cancer-de-ovario-e-o-mais-letal-e-silencioso-dos-tumores-ginecologicos/14012/7/. Acesso em: 16 mar. 2021.

ESTADO DE MINAS. Trabalho remoto é modelo dos sonhos para 49% dos brasileiros. **Estado de Minas**, [s. l.], 08 jan. 2020. Emprego. Disponível em: https://www.em.com.br/app/noticia/emprego/2020/01/08/interna_emprego,1112644/trabalho-remoto-e-

-modelo-dos-sonhos-para-49-dos-brasileiros.shtml. Acesso em: 16 mar. 2021.

FERRARI, P. **A força da mídia social**. Interface e linguagem jornalística no ambiente digital. São Paulo: Estação das Letras, 2014.

FIGUERÔA, E. A construção da imagem na construção da identidade. *In*: SOUZA, J.; RABELLO, L.; AURIANI, M. **Comunicação e cultura de moda, imagem e estilo**. São Paulo: Reflexão, 2016. p. 101-130.

FRANK, M. G.; GILOVICH, T. The dark side of self and social perception: black uniforms and aggression in professional sports. **Journal of Personality and Social Psychology**, [s. l.], v. 54, n. 1, p. 74-85, 1988.

G1. Home office consolida 'jornada híbrida' como preferida dos trabalhadores, diz pesquisa. **G1**, [s. l.], 12 jan. 2021. Concursos e empregos. Disponível em: https://g1.globo.com/economia/concursos-e-emprego/noticia/2021/01/12/home-office-consolida-jornada-hibrida-como-preferida-dos-trabalhadores-diz-pesquisa.ghtml. Acesso em: 16 mar. 2021.

HAJO Adam. **University of Bath**, Bath, [2021]. Persons. Disponível em: https://researchportal.bath.ac.uk/en/persons/hajo-adam. Acesso em: 16 mar. 2021.

INSTITUTO VENCER O CÂNCER. 75% dos diagnósticos de câncer de ovário chegam tardiamente. **Instituto Vencer o Câncer**, [s. l.], 08 maio 2015. Disponível em: https://vencerocancer.org.br/noticias-ovario/75-dos-diagnosticos-de-cancer-de-ovario-chegam-tardiamente/?catsel=tipos-de-cancer. Acesso em: 16 mar. 2021.

JOUBERT, C.; STERN, S. **Dispa-me!** O que nossa roupa diz sobre nós. Rio de Janeiro: Zahar, 2007.

KODŽOMAN, D. The psychology of clothing: meaning of colors, body image and gender expression in fashion. **Textile & Leather Review**, Zagreb, v. 2, p. 90-103, 2019.

KOHLER, C. **História do vestuário**. São Paulo: Martins Fontes, 2018.

LURIE, A. **A linguagem das roupas**. São Paulo: Rocco, 1997.

MARTINS, J. S. **O poder da imagem**. São Paulo: Intermeios, 1993.

MATHIS, C.; CONNOR, H. V. **The triumph of individual style**. Menlo Park: Timeless Editions, 1994.

MEHRABIAN, A.; FERRIS, S. R. Inference of attitudes from non-verbal communication in two channels. **Journal of Consulting Psychology**, [s. l.], v. 31, n. 3, p. 248-252, June 1967.

MENDES, F.; CASTRO, L. F. Meu escritório é em qualquer lugar. **Veja**, São Paulo, n. 41, p. 59, 07 out. 2020.

MENDOZA, S. A.; PARKS-STAMM, E. J. Embodying the police: the effects of enclothed cognition on shooting decisions. **Psychological Reports**, [s.l.], v. 123, n. 6, p. 2353-2371, Dec. 2020.

MOHSIN, M. 7 estatísticas sobre home office para o ano de 2021. **Oberlo**, [s. l.], 02 fev. 2021. Blog. Disponível em: https://www.oberlo.com.br/blog/estatisticas-home-office. Acesso em: 16 mar. 2021.

MORRIS, T. L. *et al*. Fashion in the classroom: effects of attire on student perceptions of instructors in college classes. **Communication Education**, [s. l.], v. 45, n. 2, p. 135-148, 1996.

NEVES, R. de C. **Imagem empresarial**. Rio de Janeiro: Mauad, 2000.

NIEDENTHAL, P. M. *et al*. Embodiment in attitudes, social perception and emotion. **Personality and Social Psychology Review**, Washington, v. 9, n. 3, p. 184-211, 2005.

PINE, K. J. **Mind what you wear**: the psychology of fashion. Seattle: Amazon (A Kindle Single), 2014.

PORTAL DO GOVERNO. Quarentena está em vigor a partir desta terça (24) e vale para os 645 municípios de SP. **Governo do Estado de São Paulo**, São Paulo, 24 mar. 2020. SP Notícias. Disponível em: https://www.saopaulo.sp.gov.br/spnoticias/quarentena-esta-em-vigor-a-partir-desta-terca-24-e-vale-para-os-645-municipios-de-sp/. Acesso em: 16 mar. 2021.

RODRIGUES, E. Normas do MPT sobre home office podem desincentivar a adoção, dizem especialistas. **O Estado de S. Paulo (Estadão)**, São Paulo, ano 141, n. 46.374, 05 out. 2020. Economia, p. B1.

SATIE, A. Quarentena, isolamento e distanciamento: qual é a diferença? **CNN Brasil**, São Paulo, 31 mar. 2020. Saúde. Disponível em: https://www.cnnbrasil.com.br/saude/2020/03/31/quarentena-isolamento-e-distanciamento-o-vocabulario-da-pandemia. Acesso em: 16 mar. 2021.

SAVASUK, S. **Dressing for confidence and joy**. Palestra proferida no TEDxPortsmouth, Portsmouth, set. 2018. Publicado pelo canal TEDx Talks. Disponível em: https://www.youtube.com/watch?v=L5n3V0VYGNg&feature=youtu.be. Acesso em: 16 mar. 2021.

SCHEIER, M. **How adaptive clothing empowers people with disabilities**. Palestra proferida no TED@Tommy, Amsterdã, nov. 2017. Tradução: André Cruz. Revisão: Custódio Marcelino. Disponível em: https://www.ted.com/talks/mindy_scheier_how_adaptive_clothing_empowers_people_with_disabilities?language=pt-br. Acesso em: 16 mar. 2021.

SHUKLA, A. Enclothed Cognition: the psychology of dressing. **Interdisciplinary Journal of Contemporary Research**, Raipur, v. 2, n. 6, p. 89-94, 2016.

SLEPIAN, M. L. *et al*. The cognitive consequences of formal clothing. **Social Psychological and Personality Science**, Newcastle, v. 6, n. 6, p. 661-668, 2015.

TECCHIO, M. Home office veio para ficar, mas não da forma que funciona hoje. **CNN Brasil**, São Paulo, 07 jan. 2021. Business. Disponível em: https://www.cnnbrasil.com.br/business/2021/01/07/home-office-veio-para-ficar-mas-nao-da-forma-que-funciona-hoje. Acesso em: 16 mar. 2021.

UJVARI, S. C. **História das epidemias**. São Paulo: Contexto, 2020.

WILLIAMSON, M. **A return to love**: reflections on the principles of "A course in miracles". New York: Harper Perennial, 1992.

WOLF, G.; CAPELAS, B. Instagram completa uma década com tamanho e problemas de gigante. **O Estado de S. Paulo (Estadão)**, São Paulo, n. 46.373, 04 out. 2020. Economia, p. B10.

Esta obra foi composta em Alda OT CEV Light 11,6 pt e impressa em papel Offset 90 g/m² e Couché 115 g/m² pela gráfica Meta.